Kamina Brochka - Charly Samson

Les Tarots
A La Portée De Tous
L'art De Lire L'avenir

les 22 arcanes majeurs
les 56 arcanes mineurs
les méthodes de tirage

la clé de la divination
par le symbolisme des tarots

la numerologie des tarots
les tarots pour le développement personnel
les 22 chemins initiatiques, de lombre a la lumière

Charly Samson et les Mystères de Notre Temps n° 3

Les éditons de l'œil du sphinx

Nous remercions la société France Cartes qui nous a donné son autorisation pour la reproduction des cartes du Tarot de Grimaud, et nous remercions les Editions de l'Aigle - Québec - Canada - pour leur accord sur la reproduction des cartes du Tarot Oswald Wirth.

Collection : Charly Samson et les Mystères de Notre Temps n° 3
ISBN : 978-2-38014-051-4
EAN : 9782380140514
ISSN de la collection : 1627-6809
Dépôt Légal : juin 2021

Photo de couverture : Droits réservés ©
Mise en page : Sabrina Pamies

DES MEMES AUTEURS :
KAMINA BROCHKA ET CHARLY SAMSON

- COURS COMPLET DE NUMÉROLOGIE, Éditions Trajectoire - 2002, 2005, 2009
- L'INTERPRÉTATION DES RÊVES, Éditions Trajectoire - 2006
- LES TAROTS À LA PORTÉE DE TOUS, Éditions Trajectoire - 1989, 1993, 2004

DE CHARLY SAMSON

- GUIDE PRATIQUE DE MAGNÉTISME ET DE SOPHROMAGNÉTISME, Éditions Trajectoire - 1993, 1994, 1997, 2005
- TOUT LE MAGNÉTISME ET PLUS ENCORE, Éditions Trajectoire - 2006, 2009
- PRATIQUEZ LE MAGNETISME A DISTANCE, Éditions Trajectoire - 2008
- MANUEL D'UTILISATION DE LA BOULE DE CRISTAL, Éditions Trajectoire - 1991,2006
- GUIDE PRATIQUE DE VOYANCE / LA BOULE DE CRISTAL, Éditions Trajectoire - 1996
- L'ÉGYPTE DE TOUS LES MYSTÈRES, Éditions Trajectoire - 2002
- SITES ÉTRANGES ET MYSTÈRES DANS LE SUD DE LA FRANCE, Éditions Les 3 Spirales - 2006
- LE GRAND SECRET DE RENNES-LE-CHÂTEAU, Éditions Les 3 Spirales - 2007, en collaboration avec Jean Blum
- LES POUVOIRS DE LA NATURE DES DRUIDES À AUJOURD'HUI, Éditions Trajectoire - 2008
- LES TEMPLIERS ET LES SECRETS DU GRAAL, Éditions Alphée - 2009

- LE VÉRITABLE NOSTRADAMUS, Éditions Trajectoire - 2010
- D'ÉTRANGES CONTES HORS DU TEMPS, Propriété de l'auteur - 2010
- SI BUGARACH M'ÉTAIT CONTÉ, Propriété de l'auteur - 2011
- APPARITIONS - MIRACLES - GUÉRISONS (à paraître en 2013 aux éditions Trajectoire)

CD de Charly Samson - à commander sur le site

www.charlv-samson.com

- La momie de Venise
- Séance complète de relaxation
- Les énigmes de la survie
- Le magnétisme et ses applications
- La visualisation pour changer sa vie
- Rennes-le-Château :
    1) les secrets de l'abbé Saunière
    2) énigmes et trésors
- Envoûtements et auto-envoûtements
- Sorcellerie et médecines douces.

Charly Samson et Kamina Brochka animent des stages de formation dans le cadre de l'Université du temps présent
9, rue Lapérouse 34970 Lattes - utp@wnadoo.fr
Magnétisme et Sophromagnétisme - Maîtrise Dynamique du mental
Connaissance profonde de soi - Les suggestions à partir du symbolisme
Tarots initiatiques et divinatoires
Perceptions extrasensorielles, voyance, boule de cristal
Numérologie - Interprétation des rêves

INTRODUCTION

Ce livre est d'abord paru en 1987 aux Éditions de l'Inconnu dont il inaugura les collections. Notre but était de présenter les Tarots d'une façon simple en indiquant l'essentiel des significations de chaque lame majeure et de chaque lame mineure, selon la tradition qui, depuis des siècles, accompagne ces symboles. Il fallait sensibiliser le lecteur à la richesse des Tarots en ce qui concerne leur origine, leur historique, leur symbolisme et leurs qualités initiatiques. Il fut convenu que l'ouvrage serait illustré par le « Tarot de Marseille » qui est le plus connu du grand public. Ce livre a ensuite été réédité à plusieurs reprises par les éditions Trajectoire. En cette année 2020, cela fait plus de trente ans que nous avons écrit « les Tarots à la portée de tous ». Durant cette période, nous avons animé de nombreux stages et cours sur les Tarots divinatoires et sur les Tarots initiatiques. Nous avons également présenté de nombreuses conférences suivies de débats sur ces thèmes. Tous ces contacts nous ont permis de constater combien les idées reçues et les confusions encombraient le monde des Tarots. Ainsi, nous nous sommes efforcés de bien préciser la différence qui existe entre la « tarologie » et la « taromancie », ces deux mots étant souvent utilisés l'un pour l'autre : la tarologie est la connaissance des Tarots dans leur origine, leurs qualités initiatiques et la richesse de leur symbolisme affiché ou à découvrir, alors que la taromancie est l'utilisation des Tarots pour la divination. Il est évident que la tarologie permet de développer les qualités divinatoires des Tarots ; en revanche, la taromancie n'est pas la voie la meilleure pour accéder à la tarologie. Il est préférable de connaître avant d'utiliser. C'est également vrai pour les Tarots.

Les éditions précédentes des « Tarots à la portée de tous » avaient pour but de faire découvrir les Tarots à tous ceux qui s'intéressent à ces cartes et à leurs qualités divinatoires. Cet intérêt n'exigeait aucune connaissance préalable et convenait à tous les niveaux culturels. Cette nouvelle édition tient à conserver notre première préoccupation.

Nous tenons à élargir « à la portée de tous » en offrant des éléments complémentaires à la portée de ceux qui connaissent ou pratiquent les Tarots divinatoires et initiatiques. En conservant la structure du précédent livre, nous avons ajouté des commentaires et des explications supplémentaires pour chacune des 22 lames majeures et des exemples commentés de différents tirages.

Ces pages constituent en quelque sorte la suite de leur travail et un approfondissement pour nos anciens lecteurs qui ont acquis une certaine connaissance des Tarots. Sur ce cheminement initiatique on ne peut jamais prétendre être parvenu au bout de la route. Il y a encore à découvrir et plus on avance, plus ces découvertes sont passionnantes et enrichissantes.

Pour apporter notre aide à tous ceux qui souhaitent dépasser, en les conservant, toutes les qualités des Tarots dans les domaines de la divination et du symbolisme, nous avons ajouté un cheminement initiatique. Il s'agit d'un travail sur soi, d'une progression spirituelle à partir de la succession des 22 lames majeures. C'est un nouveau livre qui s'ajoute aux pages précédentes, c'est un instrument de « développement personnel » se basant sur les connaissances qui ont été offertes à l'humanité depuis des millénaires, connaissances de plus en plus confirmées par la science de notre époque.

Lire les richesses contenues dans ce cheminement initiatique apporte une possibilité de développement culturel par une compréhension plus grande de l'universalité des Tarots. Cette lecture s'adressera au Savoir. Mais vivre intensément, lentement et avec conviction les étapes du chemin initiatique révélé par les Tarots, c'est accéder à la Connaissance. C'est entreprendre un développement personnel et parvenir à une réelle transformation dans les profondeurs de son être.

Nous publions aujourd'hui à l'ODS une nouvelle édition de ce texte dont nous espérons qu'il pourra contribuer à éclairer les lecteurs à propos des Tarots. Ce livre dans son évolution reste « à la portée de tous ». Nous souhaitons que les pages qui suivent soient pour tous une étape importante sur leur chemin initiatique et une aide substantielle dans leur pratique de la divination.

LE MONDE INFINI DES TAROTS

La divination est un art qui permet de comparer « l'intuition » du voyant à « l'inspiration » de l'artiste créateur, qu'il soit musicien, peintre ou poète. Ces facultés spontanées ne sont pas suffisantes, elles doivent être cultivées, elles doivent « s'appuyer » sur des « supports ». Tous les arts possèdent des règles qui évoluent, certes, mais sans lesquelles l'inspiration rencontre des limites très étroites pour s'exprimer. L'art de la divination s'exprime de différentes façons. Son instrument idéal est certainement le Tarot. Comme tout instrument, il doit être manié avec délicatesse, avec la profonde sensibilité d'un artiste qui maîtrise sa technique, la dépasse et repousse chaque jour les limites de ses possibilités.

Lorsque nous jouons avec un jeu de Tarots, ou même avec un simple jeu de cartes, nous n'imaginons pas quelle richesse représentent ces petits cartons qui s'éparpillent sur la table, devant les participants. Une richesse que nous révèlent des images faites de personnages, de formes, de couleurs et de nombres ; une richesse qui contient tout le symbolisme, tout le passé et tout l'avenir du monde.

Si le Tarot se présente sous la forme d'un jeu de cartes, en réalité, c'est un livre à interpréter : « le livre de la vie ». Les 22 cartes principales du Tarot représentent le chemin initiatique commun à toutes les voies initiatiques du monde entier.

Chaque carte, par ses dessins, ses couleurs, son nombre et ses symboles représente une voie initiatique, une route dont il convient d'interpréter la signification en fonction de différents éléments.

Le Tarot est l'image de tout ce qui peut arriver dans la vie d'un être : la naissance, la vie, l'amour, la mort, la souffrance, la maladie, le bonheur, etc. Puisque toute la vie de l'humanité est inscrite dans le Tarot, on peut l'utiliser pour prédire l'avenir.

Alors, la connaissance du symbolisme de chaque carte ne suffit pas, et c'est l'arrangement des cartes entre elles qui donne toutes les situations auxquelles peuvent avoir à faire face tous les êtres qui vivent sur notre planète. Et ces situations peuvent concerner le passé, le présent et l'avenir. Il est donc possible d'examiner des événements du passé et du présent, autant que de prédire des événements futurs.

Mais il ne convient pas de donner une signification précise et déterminée à chaque carte. Si l'interprétation est bien plus subtile, elle ne dépend pas de la position droite ou renversée de la carte. Elle est définie par les symboles qu'elle contient (apparents ou suggérés) et ceux des cartes qui l'entourent.

C'est par un travail à la portée de tous que chacun peut parvenir à une analyse déductive grâce à l'interprétation des cartes et de leur arrangement entre elles. Bien sûr, tous ces symboles et ces arrangements peuvent s'interpréter de différentes façons. À cet art subtil de l'interprétation vient s'ajouter l'intervention non moins subtile de l'inspiration que nous appelons l'intuition.

Le Tarot est bien plus qu'un instrument de divination. Il est un livre à lire à plusieurs niveaux d'interprétation.

Le premier niveau est celui que nous venons de décrire ; celui de la TAROMANCIE.

Le deuxième niveau nous est offert par le symbolisme universel qui est présent dans l'espace et dans le temps depuis des époques lointaines, au-delà de l'histoire connue... ou reconnue.

Le moindre détail qui apparaît dans chaque lame a valeur de symbole : personnages, animaux, plantes, couleurs, planètes, objets, formes et nombres. Et chaque symbole nous offre de multiples interprétations possibles. Elles sont ambivalentes, c'est-à-dire opposées ou apparemment contradictoires.

Nous dépassons la divination et parvenons au seuil des voies initiatiques de la Connaissance en abordant l'ésotérisme et le sens caché de chaque symbole.

Le troisième niveau, c'est la pénétration dans les 22 chemins initiatiques des 22 lames ou arcanes majeurs.

Dans ce long cheminement, notre Savoir se transforme en Connaissance par le vécu qui le transmute. Les significations deviennent des ressentis.

C'est ce « travail sur soi » que nous révèlent les Tarots qui nous font prendre conscience des réalités non apparentes de l'univers qui est le nôtre et déclenchent puis stimulent notre évolution. Par ce grand livre de la vie, nous parvenons à nous connaître et à nous réaliser.

Cependant, si le Tarot est un instrument essentiel de notre culture qui nous donne des réponses, il nous pose aussi de nombreuses questions par rapport au symbolisme, à l'histoire et à la métaphysique. Il devient une voie d'évolution vers la sagesse.

Sur le fronton du temple de Delphes, cette capitale de la divination sur laquelle régnait la Pythie, il était écrit : « Connais-toi toi-même, et tu connaîtras l'Univers et les dieux. »

L'Univers et les dieux ?... Ce n'est certainement pas par hasard que les deux premières syllabes du mot « divination » sont « divin » !

DES ORIGINES MYSTÉRIEUSES.

Dans ces cartes que l'on appelle aussi « lames » ou « arcanes », le Tarot recèle un enseignement insoupçonnable.

D'où vient cet enseignement ? Ses origines sont incertaines et multiples.

Nous savons que c'est au Moyen Âge que le premierTarot est apparu en Europe. Comment y est-il arrivé ? Nous ne possédons que des indices qui ont donné naissance à des hypothèses. Ce seraient, affirment certains, des Bohémiens venus d'Espagne qui auraient apporté un Tarot d'origine égyptienne.

Cette origine, qui nous fait remonter à la plus haute antiquité, fait naître l'enseignement dispensé par le Tarot dans la mythologie égyptienne. Parmi ces récits et ces légendes, il existe un initiateur du nom de Thot qui a été déifié. Certains textes indiquent que ce personnage venait de très loin, peut-être d'un continent disparu - MO ou l'Atlantide - ou encore de bien plus loin dans l'Univers. C'est lui qui aurait donné aux Égyptiens un enseignement philosophique, scientifique et technique capable de transformer leur civilisation.

Il est probable que le jeu de cartes remonte à l'ancienne Égypte car des archéologues ont retrouvé des symboles du Tarot dans des vestiges de cette civilisation dont découle la nôtre.

Jusqu'en 1781, le Tarot a été considéré comme un simple jeu naïf et dénué d'intérêt. Mais, cette année-là, Court de Gibelin publia un ouvrage dans lequel il affirmait que Thot aurait conçu un livre composé de figures, de signes et de nombres. Connu sous le nom de *Livre de Thot* et conservé à l'origine dans les textes sacrés, cet irremplaçable outil d'initiation serait devenu le Tarot.

Plus tard, craignant l'invasion des Romains, les Égyptiens auraient dispersé leurs livres sacrés. Ils auraient confié de grands secrets aux Bohémiens, ces migrateurs qui en sont restés les dépositaires. Il est probable que bon nombre de livres sacrés furent détruits en 391 de notre ère, lors de l'incendie qui anéantit la bibliothèque d'Alexandrie. D'après Court de Gibelin, le Tarot serait le seul trésor rescapé et, s'il existe de nos jours, c'est que son apparence commune et désuète l'a mis à l'abri de la cupidité de ceux qui n'ont jamais soupçonné la richesse de son enseignement et son illustre origine.

On a prétendu également que le Tarot était arrivé en Europe lors du retour des Templiers qui avaient séjourné au Moyen-Orient au XMe siècle. Il est certain que les contacts des Templiers avec les grands savants de cette époque qui étaient des Arabes et des Juifs permettent d'émettre cette hypothèse. D'autre part, l'ordre du Temple représentait une élite hautement initiée qui avait eu accès en Terre sainte à des connaissances majeures. Thot est-il à l'origine de cette avance de plusieurs siècles sur la civilisation de leur temps ?

Pour d'autres chercheurs, certains symboles et certains jeux des anciennes civilisations orientales présentent des ressemblances stupéfiantes avec les Tarots. Ces traces permettent de supposer que le Tarot peut aussi avoir ses origines en Inde, en Chine et même chez les Mayas. Plus extraordinaire encore, dans une grotte dite « préhistorique » du Magdalénien figure la représentation de « la mort » par un squelette auprès duquel sont gravés également treize encoches. Or la carte du Tarot qui porte le numéro 13 représente un squelette...

Le Tarot a pu arriver en Europe par plusieurs routes. Ce merveilleux « outil initiatique » commença à être connu peu de temps après la mort sur le bûcher du Grand Maître de l'ordre du Temple, Jacques de Molay, en 1314. L'abbé Rives indique que les premières cartes à jouer, venant d'Orient, arrivèrent en Europe par l'Espagne en 1390.

En France, c'est en 1392 que Charles Poussard, grand argentier du roi Charles VI, aurait chargé un peintre de la cour de créer un jeu de cartes tiré du Tarot. Ce peintre, Jacquemin Gringoneur, imagina de nouvelles figurines qui furent reproduites sur parchemin. Elles coûtaient très cher. En 1423, l'invention de la gravure sur bois permit aux cartes de se répandre en Europe car le bois coûtait beaucoup moins cher que le parchemin. Les cartes devinrent alors un jeu populaire.

Le roi Charles VII (1403-1461) s'intéressa particulièrement au jeu de cartes. Il donna l'ordre de remplacer les anciennes figurines du Tarot par d'autres « images » qu'il inventa lui-même. Il réduisit le jeu à 52 cartes réparties comme elles le sont aujourd'hui. Dans le Tarot, nous trouvons 22 lames majeures et 56 lames dites mineures. Les 4 cavaliers du Tarot furent supprimés pour réduire le jeu à 52 cartes dans lesquelles le symbolisme est toujours présent. Les trèfles du jeu de cartes correspondent aux bâtons du Tarot, les piques aux épées, les cœurs aux coupes et les carreaux aux deniers. Il ne faut pas négliger le fait que l'inspiration de Charles VII fut probablement guidée par son grand argentier, Jacques Cœur, qui était un initié, ésotériste et alchimiste.

Charles VII ne manquait pas d'humour. Il s'amusa à donner à chaque figure, roi, dame, valet, un nom correspondant à certains personnages de la cour. Ce fut la grande joie des courtisans qui mélangeaient les cartes avant de se divertir en voyant sortir les couples.

Le valet de cœur fut appelé Lahire. Le valet de carreau devint Hector, d'après un personnage qui fut officier de Charles VII, puis capitaine de la garde de Louis XI. Le nom du valet de trèfle est Lancelot, grande figure médiévale. Le valet de pique reçut le nom d'Ogier, un héros de l'époque de Charlemagne.

Charles VII n'oublia pas Jeanne d'Arc à qui il devait son trône et lui dédia la dame de pique qu'il appela Pallas, déesse de la guerre. Argine fut le nom donné à la dame de trèfle ; c'est l'anagramme de Regina (reine) et cette carte représentait Marie d'Anjou, l'épouse de Charles VII. Mais la reine de carreau appelée Rachel représentait la maîtresse du roi. Quant à la dame de cœur, elle reçut le nom de Judith, héroïne de l'Antiquité, et fut dédiée soit à Isabeau de Bavière, mère de Charles VII, soit à Marguerite d'Écosse, l'épouse de son fils.

Les rois représentent quatre grands empires : juif, grec, romain et franc. Le roi de pique est David, le roi de trèfle, Alexandre, le roi de carreau, César et le roi de cœur, Charles (Charlemagne).

Le trèfle, dans l'art chrétien, est un symbole de la Trinité, donc de la puissance divine. Le carreau est une sorte de pavé plat fait de terre cuite ou de pierre. Il était utilisé dans un jeu sur le sol. Le carreau correspond au quatre qui est la solidité, la puissance matérielle. Il fut choisi à la place du denier, puissance d'argent. Le pique pointu remplace l'épée. « La pique », comme l'épée, était une arme de main composée d'une hampe terminée par un fer aigu. Le pique a été ainsi appelé pour sa forme en « fer de pique ». Le cœur est le centre vital de l'être humain. Il est le siège des émotions et assure la circulation du sang, comme la coupe en assurait le réceptacle.

Mais une autre interprétation paraît être complémentaire. Les piques, donc les épées, pouvaient aussi symboliser la noblesse ; les cœurs représentaient le clergé, les carreaux, les classes moyennes de la société et les trèfles, les paysans. La Révolution fit évoluer ces significations. Par exemple, les rois devinrent des génies. Le roi d'épée devint le génie des arts, le roi de trèfle, le génie de la paix, le roi de cœur, le génie de la guerre et le roi de carreau ou de deniers, la liberté ; la reine d'épée ou de pique, le libre arbitre. Quant aux vertus que ces cartes symbolisaient, il s'agissait de la prudence, de la justice, de la force et de la tempérance. Les valets suivirent cette évolution en représentant la force pour les épées, la richesse pour les deniers, l'intelligence pour les coupes et la force physique pour les bâtons. Ils devinrent les symboles de ces quatre forces, mais aussi de tous les héroïsmes.

Les jeux de cartes français de Charles VI et de Charles VII furent suivis d'autres jeux, parmi lesquels il convient de citer le très beau Tarot de Visconti qui parut en Italie en 1415.

Petit à petit, d'autres modifications intervinrent qui tentèrent toutes d'harmoniser significations possibles et théories adoptées ou créées. En 1770, Eteilla transforma le Tarot égyptien en Tarot espagnol puis en Tarot de Marseille, ainsi appelé parce qu'il fut gravé à Marseille. Puis, en 1889, fut publié le Tarot d'Oswald Wirth qui s'inspira des travaux d'ésotéristes érudits tels que Stanislas de Guaïta et Eliphas Lëvi.

Nous ne citerons pas tous les autres « jeux » qui ont été lancés sur le marché depuis ; ils sont trop nombreux. S'inspirant du Tarot ou du jeu de cartes, des « oracles » sont nés qui ont souvent une réelle **valeur divinatoire** : l'oracle de Mlle Lenormand ou encore l'oracle de Belline.

Ne nous égarons pas dans ce vaste domaine des innombrables figurines dont la source d'inspiration provient du Tarot et du jeu de cartes. Commençons par nous familiariser avec ce Livre merveilleux qui est là, à la portée de tous et qui, progressivement, va nous permettre de cheminer vers la connaissance de nous-mêmes, des autres et de leur devenir. Plus tard, nous pourrons nous intéresser aux différents « jeux » qu'il a inspirés.

Le Tarot de Marseille... et d'ailleurs

Il est fréquent d'entendre dire : « Le véritable Tarot, c'est le Tarot de Marseille. »

Mais en réalité, la ville de Marseille n'a eu aucune participation dans la création et la diffusion des lames du Tarot et de leurs symboles. L'origine de cette affirmation est quelque peu méconnue.

Elle provient d'une décision du gouvernement de la France sous Napoléon III. Pour éviter la multiplication des jeux de hasard, et pour pouvoir les contrôler, Napoléon III a décidé de n'autoriser que l'imprimerie de Marseille à produire des cartes à jouer. Il a été strictement interdit d'en imprimer ailleurs qu'à Marseille... et le Tarot a été assimilé à un vulgaire

« jeu de hasard ». Encore à notre époque, l'édition la plus répandue des lames du Tarot est imprimée chez Grimaud à Marseille.

Depuis Charles VII et jusqu'à Napoléon III, d'autres villes en France imprimaient des cartes et des Tarots. La plus importante était Épinal où sont nées de nombreuses éditions des Tarots. Les « images d'Épinal » avaient une grande réputation pour leur graphisme, leurs couleurs et leur qualité d'impression.

Nous avons souhaité réunir des informations et des documents sur les Tarots « avant Marseille » en nous rendant à Épinal. Après avoir consulté les Archives des Vosges, nous avons été reçus à l'imprimerie Pèlerin. Très aimablement, les responsables de cette très ancienne imprimerie des célèbres « images d'Épinal » nous ont présenté les machines et les différents éléments qui ont été utilisés pour imprimer de très anciens Tarots.

Ainsi, sur la photo ci-dessous, Kamina tient en mains une plaque de métal où l'on distingue trois lames du Tarot, avec, au centre, le bateleur.

LA ROUE DU DESTIN

Nous avons vu comment les lames ou arcanes mineurs du Tarot ont donné naissance au jeu de cartes. De ce fait, Tarot et cartes sont intimement liés et nous offrent une réelle complémentarité.

Les 22 arcanes majeurs symbolisent le monde des causes. Ils révèlent le caractère du consultant, ce qu'il doit faire pour évoluer et quelles sont ses principales préoccupations.

Les 56 arcanes mineurs représentent le monde des effets et donnent des indications sur l'avenir. C'est en s'inspirant de ces arcanes que le jeu de cartes a été composé.

Nous comprenons alors pour quelles raisons les cartomanciennes qui utilisent le jeu de cartes retrouvent les mêmes possibilités qu'avec le Tarot. Elles s'appuient sur leur connaissance des richesses de ce symbolisme et sur leur propre intuition.

Il est important de souligner que l'enseignement du Tarot n'est pas réservé à quelques privilégiés. **Il est à la portée de tous** et chacun peut apprendre les significations de ses multiples symboles. Celui qui s'initie aux arcanes majeurs peut entreprendre une évolution de sa propre personnalité.

Lorsqu'une personne interroge les Tarots pour une question qui la préoccupe, les cartes qu'elle choisit ne sont jamais le fait d'un quelconque hasard. (D'ailleurs, il a été dit que ce que nous qualifions de « hasard » est la manifestation de lois que nous ne connaissons pas.) Son subconscient, qui détient toute la connaissance, dirige sa main vers la carte qui la concerne. Il est surprenant d'observer qu'en recommençant son tirage plusieurs fois, elle va toujours tirer les mêmes cartes ou des cartes identiques ou complémentaires.

Les arcanes choisis par le consultant vont agir comme un miroir dans son inconscient, reflétant son image et lui dévoilant ses imperfections et ses défauts jusqu'au plus profond de son être.

Prendre conscience de ses propres défauts et des difficultés qu'il va falloir surmonter, c'est se donner la possibilité d'agir sur soi-même pour corriger ses tendances qui freinent ou bloquent une évolution positive. Alors, petit à petit, on peut se connaître suffisamment pour se maîtriser.

C'est à partir de là qu'il devient possible de commencer à connaître les autres.

Le mot TAROT peut s'écrire en forme de roue. Il peut dès lors se lire de plusieurs manières qui lui donnent des significations très symboliques.

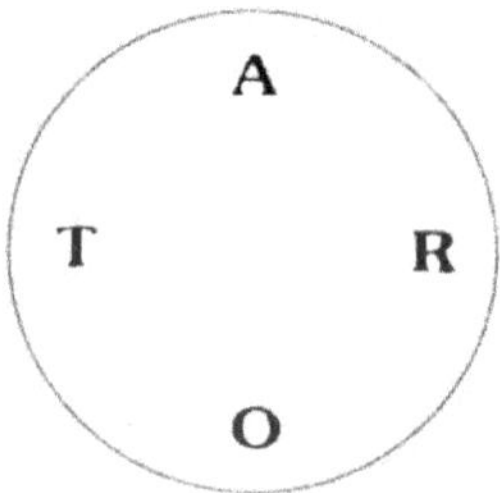

En lisant de droite à gauche, nous obtenons le mot ROTA qui signifie LA ROUE, en espagnol et en latin. Écrit de cette façon, le mot « TAROT » ne prend qu'un T ; sa cinquième lettre disparaît. Ce symbole peut signifier que tout ce qui s'achève repart et que rien n'est jamais terminé. ROTA : la roue du destin et du temps qui s'écoule. Ne dit-on pas en langage populaire : « La roue tourne » ?

En lisant de gauche à droite, nous trouvons le mot TORA. Ce mot signifie TOUR en espagnol et en latin. La tour est le symbole de l'homme qui doit faire tourner la roue du destin pour l'affronter ou subir son mouvement. Il est intéressant de remarquer que le mot THORA (avec un H) désigne le livre sacré des Hébreux, ou plus exactement la loi orale reçue par Moïse sur le mont Sinaï : la parole divine. Peut-on ne voir là qu'une coïncidence ?... Moïse était un prince d'Égypte, donc un initié. Le Tarot est entièrement imprégné d'hébraïsme.

Cette roue du destin aux origines incertaines se compose de 78 cartes qui constituent deux grandes séries. Ce sont tout d'abord les arcanes majeurs constitués par 22 cartes. Il semble que ces 22 cartes soient les plus anciennes. Oswald Wirth écrit qu'elles ont été connues par le savant moine alchimiste Raymond Lulle entre 1235 et 1315, ce qui nous ramène à l'époque du retour des Templiers de Terre sainte. Nous avons vu que ces arcanes majeurs symbolisent le monde des causes. Pratiquement, ces 22 arcanes ne devraient être consultés que par des gens expérimentés et pour des raisons importantes susceptibles de modifier le chemin de vie d'une personne. Ils sont eux-mêmes des chemins initiatiques dont les étapes peuvent être interprétées de différentes façons.

Les arcanes mineurs sont constitués de 56 cartes réparties en quatre séries de 14 cartes qui ont inspiré les créateurs du jeu de cartes. La divination par les arcanes mineurs est différente de celle qui prend pour support les arcanes majeurs. Elle correspond davantage aux événements de la vie quotidienne. L'interprétation en est beaucoup plus simple et ils peuvent être consultés fréquemment, presque au jour le jour. Ils représentent le monde des effets.

LES ARCANES MAJEURS

Leur interprétation

Les arcanes majeurs sont numérotés de 1 à 21. À ces 21 cartes s'ajoute une carte sans numéro qui peut être considérée comme représentant le 22 ou le 0. Cette figure a pour nom le **Mat** ou le **Fou**.

Il convient de vous préciser que nous indiquons chaque fois deux interprétations : « l'interprétation positive » et « l'interprétation négative ». En effet, aucune des lames du Tarot ne doit être considérée comme étant « bonne » ou « mauvaise ». Les significations possibles de chaque lame sont multiples et ambivalentes. Elles dépendent de la place qu'elle occupe par rapport au voyant.

Celui-ci étant placé en face de la personne pour qui il interroge les Tarots, selon les tirages, nous qualifierons de « positives » les lames que le voyant placera sur sa gauche et de « négatives » celles qu'il placera sur sa droite. C'est en fonction des questions posées et des situations examinées que son intuition, éclairée par sa connaissance du symbolisme de chaque lame, lui révélera la réponse qui convient.

Les 22 Arcanes majeurs

Ces 22 cartes qui composent l'ensemble des arcanes majeurs sont :

Arcane 1 :	Le Bateleur
Arcane 2 :	La Papesse
Arcane 3 :	L'Impératrice
Arcane 4 :	L'Empereur
Arcane 5 :	Le Pape
Arcane 6 :	L'Amoureux

Arcane 7 :	Le Chariot
Arcane 8 :	La Justice
Arcane 9 :	L'Ermite
Arcane 10 :	La Roue de Fortune
Arcane 11 :	La Force
Arcane 12 :	Le Pendu
Arcane 13 :	La Mort
Arcane 14 :	La Tempérance
Arcane 15 :	Le Diable
Arcane 16 :	La Maison-Dieu
Arcane 17 :	L' Étoile
Arcane 18 :	La Lune
Arcane 19 :	Le Soleil
Arcane 20 :	Le Jugement
Arcane 21 :	Le Monde
Arcane 0 ou 22 :	Le Mat ou le Fou

ARCANE 1
LE BATELEUR

Le chiffre 1 qui marque le Bateleur symbolise la cause première, le départ de toutes choses. Tel un prestidigitateur, le Bateleur nous entraîne dans le tourbillon de la vie, dans cette roue qui tourne sans cesse. Il est actif, il est jeune ; c'est « le moi » appelé à créer. Mais, par ses tours, il est capable de nous cacher la réalité.

Il se tient devant une table couleur de la chair, ce qui met en évidence son caractère humain. Sur cette table sont posés des objets qui évoquent les arcanes mineurs : deniers, coupe, épée (poignard), bâton ou baguette magique qui assurent son pouvoir.

Il désigne le consultant dont il peut aussi bien indiquer les qualités d'habileté et de volonté que les défauts de mensonge et d'imposture.

En totalité, comme chaque symbole, il est ambivalent, parfois positif, parfois négatif. Il nous invite à aller au-delà des apparences du chiffre 1. Il est le symbole de la vie et de la possibilité d'en contrôler les événements en puisant sa force en haut (main gauche) et en l'utilisant pour dominer les phénomènes terrestres (main droite).

Interprétation positive

(Côté gauche par rapport au voyant [1])

Personnage intelligent, intuitif, dynamique, habile, il est le commencement d'une nouvelle affaire dans le domaine professionnel ou d'une nouvelle proposition dans le travail. Sur le plan sentimental, il annonce une nouvelle rencontre qui laisse augurer des satisfactions puisqu'il possède tous les éléments et tous les arguments pour un renouveau.

Interprétation négative

(Côté droit par rapport au voyant)

Personnage trompeur, menteur, vendeur d'illusions et tricheur. Attention aux nouvelles connaissances. Attention aux nouvelles propositions en affaires. Les risques d'être trompé sont importants et la prudence doit être de rigueur.

1 Cette interprétation influencée par la place de la carte par rapport au voyant est valable pour chaque arcane majeur.

ARCANE 2
LA PAPESSE

Étrange personnage que cette femme assise, calme, tranquille, silencieuse, impénétrable. Elle tient dans ses mains le livre des secrets et de la sagesse ésotérique. Elle est coiffée de la tiare pontificale. Elle symbolise la femme qui détient tous les secrets du monde que personne ne peut connaître à moins quelle en confie les clefs. Dévoilera-t-elle ces secrets ?... Elle attend...

Cette Papesse qui semble défier les pouvoirs des hommes est l'arcane des choses cachées. Elle est l'intelligence fertile qui, patiente et intuitive, recherche la vérité. Symbole des contradictions féminines et du dualisme, elle sait allier sagesse et imagination.

Son chiffre, le 2, symbolise la dualité, l'unité qui recherche son complément ou son opposition.

Elle personnifie aussi la conciliation des contraires.

Interprétation positive

Elle annonce chez le consultant une recherche intérieure et beaucoup de réflexion avant de s'engager. Elle révèle la prudence et la patience. À ces qualités peuvent s'ajouter le sens pratique et l'objectivité ainsi que le savoir, la bonne conscience, la culture et le contrôle des émotions. Sur le plan sentimental, elle peut annoncer une liaison cachée ou des amours platoniques. Elle indique aussi au consultant qu'il peut découvrir certaines choses qui lui sont cachées et qui pourront l'aider à mieux comprendre.

Interprétation négative

Le consultant risque de manquer d'objectivité dans ses jugements. Il lui sera difficile, voire impossible, d'obtenir ce qu'il souhaite, car d'autres se chargent de retarder ou d'arrêter ses projets. C'est l'arcane des dissimulations et de l'hypocrisie auxquelles se joignent l'ignorance, l'égoïsme, l'avarice et la médiocrité.

ARCANE 3
L'IMPÉRATRICE

La souveraine luxueusement habillée affiche sa force éclatante et resplendissante. Une couronne légère coiffe sa longue chevelure blonde. Elle trône et domine, gracieuse, souriante et pleine de sagesse.

Sa couronne est ornée de douze étoiles symbolisant les douze signes du zodiaque. Sa main gauche tient un sceptre qui lui confère une universelle domination, tandis que de sa main droite elle tient un bouclier orné d'un aigle, symbole de son autorité.

L'Impératrice est une femme intelligente qui possède toutes les richesses de la féminité : douceur, persuasion, séduction.

Elle peut être une idéaliste, mais son ambivalence peut aussi la pousser à la vanité, à la ruse et à l'utilisation de tous les moyens pour parvenir à ses fins.

Son chiffre, le 3, symbolise la lumière, la réalisation et l'élévation spirituelle.

Interprétation positive

Intuition, intelligence, imagination alliées à l'ambition et au désir de commander et de dominer facilitent un effort de volonté capable d'entraîner la réalisation de projets matériels : aisance, abondance, richesse. Sur le plan professionnel, c'est une personne à l'esprit ouvert et généreux, mais au commandement ferme. Elle prédit toutes sortes de réussites, y compris scolaires. Elle agit, progresse et obtient des résultats à la suite d'efforts permanents. Sa fécondité est essentiellement intellectuelle : c'est la fécondité de l'esprit.

Interprétation négative

Influence d'une femme qui n'hésite pas à utiliser des subterfuges pour satisfaire ses désirs ou ses ambitions. Difficultés possibles dans les faits de la vie quotidienne. Jeune femme quelque peu paresseuse et manquant d'imagination et de féminité. Esprit fermé à toute suggestion. Frivolité, vanité, infidélité.

ARCANE 4
L'EMPEREUR

Sceptre en main, l'Empereur est assis sur son trône. De sa silhouette massive se dégage une impression de stabilité et de solidité. Il symbolise l'image du roi et du père, l'autorité et le pouvoir de l'homme. Il est dominateur et autoritaire. Sa puissance et ses succès affirment la suprématie de son intelligence dans le domaine matériel et temporel. Il est la force et la rigueur. C'est un personnage dont la fermeté de caractère peut faire un allié ou un ami très loyal, mais qu'il vaut mieux ne pas avoir pour rival car il devient alors un adversaire impitoyable dans sa puissance destructrice.

L'Empereur est plongé dans une profonde méditation. Ses jambes sont croisées, ce qui lui assure une protection contre les influences négatives et lui permet de conserver les forces positives.

Il ne craint pas ses ennemis. Il nous donne l'exemple de la maîtrise de soi-même tournée vers la volonté et la puissance.

Son chiffre, le 4, est le symbole de la matière et de la création, c'est le carré stable et solide sur lequel il a bâti son empire. Époux de l'Impératrice, il règne sur la matière, alors que l'Impératrice est toute spiritualité.

Interprétation positive

Autorité, amour, volonté de créer et de dominer. Il est un protecteur rassurant. Il est aussi un bon chef d'entreprise. Sentimentalement, il apporte amour et stabilité, mais sous son autorité. Avec lui, la sécurité matérielle est assurée. Il peut annoncer une carrière politique.

Interprétation négative

Autorité mêlée d'égoïsme. Entrave par tyrannie et entêtement. Mari exigeant. Se laisse aller à l'indécision et à la paresse. Une certaine faiblesse le conduit à l'inefficacité.

ARCANE 5
LE PAPE

Le Pape se présente sous les traits d'un personnage jovial et serein. De sa main gauche, il tient la hampe d'une croix à trois traverses qui représentent la puissance créatrice des trois mondes : divin, psychique et physique. Âgé, barbu, moustachu, son visage exprime bonté et générosité.

Avec sagesse, il transmet la connaissance qu'il a acquise au fil des années ; de sa main droite, il bénit deux personnages jeunes qui se trouvent devant lui, leur communiquant son savoir sans qu'il lui soit nécessaire de consulter un livre comme le fait la Papesse. Il est celui qui sait et qui transmet. Derrière lui se trouvent deux colonnes qui évoquent celles du Temple de Salomon. L'une représente la loi qui ne peut être transgressée. L'autre symbolise le libre arbitre qui laisse à l'homme le droit d'obéir ou de désobéir.

Il s'adresse aux autres avec beaucoup d'indulgence, connaissant les faiblesses de l'humanité ; il est capable de résoudre les problèmes les plus graves et les plus embrouillés, et cela, avec beaucoup de sérénité. Son chiffre, le 5, est le symbole de l'homme qui s'inscrit dans le pentagramme, la tête dominant les quatre membres. En opposant les unes aux autres les tendances contradictoires de l'homme que nous ont révélées les quatre arcanes qui les précèdent, il constitue la quintessence capable de réaliser la conciliation des contraires.

Interprétation positive

Arcane de la transmission des connaissances il peut se rapporter à l'enseignement. C'est aussi l'arcane de la méditation et de la philosophie qui baigne dans un climat de modestie et de patience. Sur le plan familial, il annonce une bonne entente dans le noyau familial ; sur le plan professionnel, il apporte calme et sérénité. Il est écouté et apprécié.

Interprétation négative

Démesure dans la sensibilité et la générosité entraînant une faiblesse importante. Les valeurs morales et spirituelles font place aux satisfactions passagères. Risques de mauvaises intentions, de papotages, de médisance allant jusqu'à l'intolérance et au fanatisme.

ARCANE 6 L'AMOUREUX

Entre deux femmes, un jeune homme est éclairé par le soleil et guetté par Cupidon. Ce jeune homme qui sort de l'adolescence vient de recevoir une initiation et il est au moment de décider de l'emploi de son savoir et de sa connaissance. C'est lui qui va devoir choisir la voie dans laquelle il va engager sa vie.

L'Amoureux ne regarde pas la femme la plus séduisante. Il regarde celle qui symbolise la vertu et lui fait entrevoir une existence de travail et de lutte, alors que l'autre l'invite aux plaisirs et jouissances de la vie. La flèche de Cupidon se prépare à l'aider dans son choix en le séparant des séductions illusoires.

C'est l'arcane de la difficulté du choix. L'homme se fait une double image de la femme : ange ou démon, inspiratrice d'amours charnelles ou d'amours platoniques. Tout est paradoxe et antagonisme, ce qui finalement crée un équilibre.

Son chiffre, le 6, est un nombre « sexuel », mais c'est aussi le symbole d'un choix entre le bien et le mal, d'une opposition entre le créateur et la créature dans un équilibre indéfini.

Interprétation positive

Une nouvelle possibilité est offerte, mais l'heure est à la réflexion. Attention aux erreurs possibles. Cet arcane concerne le plan professionnel comme le plan sentimental. Le consultant sera seul pour prendre des décisions devant ses épreuves, mais des possibilités valables s'offrent à lui. Il y a là l'indication de la liberté des sentiments, de la confiance et de l'harmonie. On peut y trouver tout à la fois la beauté et l'amour, et le début d'une liaison.

Interprétation négative

Manque de caractère. Tendance à se laisser influencer. Hésitations devant une décision à prendre. Manque de confiance en soi entraînant l'annulation de projets réalisables. Risque de séduction dangereuse.

ARCANE 7
LE CHARIOT

L'Amoureux, devenu un homme mûr, a dominé ses ambivalences et ses conflits. Il est sur le Chariot et il avance par l'effet de sa propre volonté. Il guide son Chariot d'une main tandis que de l'autre il tient son sceptre. Protégé par une cuirasse, il incarne la vitalité, l'intelligence et la force. Il annonce le triomphe qu'il va propager par son véhicule en parcourant le monde. Il est l'action intellectuelle et spirituelle.

Ses chevaux regardent dans des directions opposées. Entre les chevaux, un écusson parfois orné de deux lettres qui peuvent signifier « Sa Majesté » ou « Soufre et Mercure », selon une interprétation alchimique. Le Chariot progresse, les jambes levées des chevaux confirment ce mouvement. Ces chevaux représentent des tendances opposées, le bien et le mal que l'homme doit dominer par la réflexion, la volonté et la force pour se diriger dans la bonne Son chiffre, le 7, est le chiffre des dieux, le chiffre de la transformation positive. Nous retrouvons souvent son symbolisme : 7 péchés capitaux, 7 vertus théologales, 7 sacrements, 7 branches au Chandelier du Temple de Jérusalem, 7 jours dans la semaine, 7 notes de musique, etc.

Interprétation positive

Le Chariot peut annoncer des voyages mais aussi des rencontres au cours d'un voyage. Le départ dans un autre lieu est toujours positif car le Chariot franchit les étapes rapidement et avec succès. Pratiquement, le consultant possède les qualités nécessaires pour faire face aux difficultés de la vie et aux adversités. Il doit prendre les décisions qui s'imposent pour organiser ses activités, il doit veiller à son équilibre pour réaliser les buts qu'il s'est fixés. Il doit être vigilant, ne rien laisser au hasard et maîtriser son affectivité.

Interprétation négative

Risque d'agir trop rapidement, sans réfléchir et en désordre. Attention, la chute sera dure. Manque d'énergie, manque de maîtrise, perte d'énergie, mauvaises directions, surmenage exagéré.

ARCANE 8
LA JUSTICE

Une femme coiffée du mortier judiciaire orné du signe solaire est assise de face sur un trône. De la main gauche, elle tient une balance qui symbolise l'équilibre, tandis que sa main droite tient un glaive prêt à punir ceux qui ne respectent pas les lois. Son visage est l'expression de la détermination et de la fermeté.

La Justice est l'arcane de l'ordre et de l'organisation, celle qui coordonne et organise ce qui n'était que chaos. Tous les êtres n'existent qu'en vertu de nombreuses lois naturelles ou humaines auxquelles ils sont soumis. La Justice est rigueur et logique. Son glaive est aussi le symbole de la fatalité. Aucune violation des lois divines ne reste impunie. Il ne s'agit pas d'une vengeance, mais du rétablissement de l'équilibre lorsque la balance a jugé le bien et le mal.

Son chiffre, le 8, est le symbole de l'équilibre cosmique. En mathématiques, le 8 couché est le symbole de l'infini.

Interprétation positive

Cet arcane désigne une personne réfléchie, d'un bon jugement vis-à-vis des autres et des affaires. Une grande prudence lui dicte des décisions et des actions positives. L'arcane de la Justice peut aussi se rapporter à l'intervention d'hommes de loi ; par exemple, par rapport à un procès ou à un divorce. Sur le plan professionnel, il peut désigner une vocation vers un métier tel qu'avocat, juge, huissier, etc. En cas de procès en cours, il indique l'équité et, éventuellement, de justes indemnisations. Il indique aussi l'impossibilité de tirer un profit injuste de situations qui pourraient permettre de profiter des autres.

Interprétation négative

Prétentions et autorité abusive. Disputes, complications, désordre. Situations illégales, malhonnêtes, fausses accusations entraînant des conséquences fâcheuses. Intolérance, sectarisme, divorce.

ARCANE 9
L'HERMITE

Ce personnage, dont le nom s'écrit Ermite et aussi Hermite (avec un H) pour souligner ses liens avec le tout-puissant Hermès, maître des grands initiés, nous apparaît sous l'aspect d'un homme âgé. Il est à la fois le temps et l'éternité de la sagesse.

Par prudence et par modestie, il dissimule son savoir sous un vaste manteau et, quelque peu courbé, il chemine en s'appuyant sur un bâton qui symbolise sa longue marche et son arme contre ce qu'il peut rencontrer d'erreurs et d'injustices. À hauteur de son visage, il tient une lanterne pour éclairer son chemin mais également pour signaler la lumière de la sagesse qu'il dissimule sous son manteau et qui l'illumine intérieurement. Contrairement au Pape, il ne recherche pas la foule. Il avance seul. Il est le chercheur, le philosophe qui vit dans l'ombre, toujours à la recherche du savoir. Il est le Maître, celui qui indique la direction et qui peut donner la lumière à qui s'en montre digne. Comme Diogène qui cherchait avec une lanterne, en plein midi, « un homme » dans les rues d'Athènes, L'Ermite cherche celui qui pourra comme lui parcourir la longue voie initiatique.

Son chiffre, le 9, semble être la mesure des gestations, des recherches fructueuses. Il est la récompense et l'aboutissement des efforts et l'achèvement d'une création.

Interprétation positive

C'est l'arcane de la méditation, de la réflexion. La période d'isolement sera fructueuse. Pour atteindre le but recherché, le chemin à parcourir sera long, mais le résultat est certain. Sur le plan sentimental, il indique un attachement sérieux et profond ; cependant, l'Ermite représente davantage l'isolement et le célibat. Il peut révéler un goût pour les études ésotériques. Il conseille la discrétion, la patience et la prudence.

Interprétation négative

Restrictions et austérité sur le plan financier. Les temps sont aux difficultés et des contraintes sont à prévoir. Sentiments : repli sur soi, égoïsme, isolement, timidité, manque de sociabilité, pauvreté, avarice. Dans tous les cas, ces particularités bloquent les décisions.

ARCANE 10
LA ROUE DE FORTUNE

Cette Roue de Fortune, qui peut être aussi d'infortune, symbolise « la roue du destin », la roue de la vie. Le mouvement est ininterrompu et, comme l'affirme une expression populaire, « la roue tourne ». Elle tourne en apportant le positif et le négatif, la joie et la douleur, le bonheur et le malheur, le bien et le mal, etc. Elle représente l'instabilité permanente et l'éternel retour sous l'œil impassible d'un sphinx immobile. Cet être figé nous rappelle que le temps défile devant lui avec tout ce qu'il entraîne de naissances et de morts successives sur tous les plans. Les animaux bizarres, qui montent et descendent de part et d'autre, s'agitent en vain, car ils ne peuvent rien changer à l'écoulement du temps qui transforme les êtres en tout ce qui constitue l'Univers. Ils participent pourtant à faire tourner la roue...

Son nombre, le 10, représente un tournant, un nouveau départ vers les dizaines après les unités. Il est plus qu'un retour aux sources, il est le mouvement et l'évolution. Il est aussi le double de 5, ce qui souligne la dualité de l'être humain.

Interprétation positive

Un mouvement subit provoquant un changement. La personne ne laisse rien au hasard. Elle lutte et prend sa vie en mains pour influencer heureusement son destin. La roue qui tourne peut atténuer les interprétations négatives des arcanes qui sont autour d'elle.

Interprétation négative

Peut concerner un tempérament joueur qui compte beaucoup sur le « hasard ». Fin d'une période paisible ou heureuse, malchance. Manque de sérieux, lassitude, instabilité. Perte, faillite.

ARCANE 11
LA FORCE

C'est une femme qui représente la Force et qui maîtrise, sans effort apparent, un lion dont, avec ses deux mains, elle tient la gueule ouverte. Il ne s'agit donc pas de la force physique d'un « Hercule », mais de la puissance irrésistible de la féminité, faite d'esprit, de subtilité et d'intelligence ; ce qui est plus efficace que la colère et la brutalité. Le lion a été dominé et dompté. Il ne sera plus une bête féroce et malfaisante, mais il pourra être utilisé. Il n'y a donc pas lieu de tuer cet animal qui représente les forces mauvaises qui sommeillent en chacun de nous.

La sagesse a maîtrisé la force physique car elle est une force plus puissante qui domine l'orgueil, la vanité, l'égoïsme, maîtrise les impulsions négatives et ramène à la raison les instincts brutaux.

Son nombre, le 11, symbolise la lutte intérieure.

Composé du 1 et du 1, ce qui égale 2, le chiffre des oppositions et de la dualité. Le 11 symbolise également le renouvellement des cycles vitaux et de la communication des forces vitales.

Interprétation positive

Maîtrise de soi. Énergie psychique. Réussite intellectuelle. Succès dans le travail. Domination dans les relations sentimentales. La Force annonce aussi le courage, la volonté, la vitalité et la disposition positive envers les autres. Par l'intelligence, les projets aboutiront à des succès. Possibilité de surmonter toutes les épreuves.

Interprétation négative

Égoïsme, orgueil, colère, violence, agressivité, cruauté. Insensibilité. Faiblesse devant les tentations. Une intervention chirurgicale est à craindre.

ARCANE 12
LE PENDU

Les onze premières cartes du Tarot correspondent à une initiation active. L'arcane 12 aborde un domaine différent et complémentaire : l'initiation passive ou mystique. Ce jeune homme est immobile, suspendu du pied gauche à une branche, tandis que sa jambe droite repliée derrière la gauche forme un triangle. Ses mains sont derrière son dos. Mais sont-elles liées ? Ce qui est évident, c'est qu'il a les yeux ouverts et qu'il est conscient de sa situation et de son environnement.

Ce personnage renonce à exalter sa propre énergie pour s'intéresser docilement et avec dévouement aux problèmes des autres. Il se livre et se dévoue pour autrui. Il se rend inactif et impuissant pour vivre dans un rêve noble qui, par dévouement aux autres, va le placer dans des situations embarrassantes. C'est l'oubli de soi.

S'il est physiquement impuissant, il dispose d'un grand pouvoir spirituel. Il est l'arcane du mysticisme et des dévotions religieuses.

Son nombre, le 12, symbolise l'Univers dans son déroulement cyclique hors du temps et dans sa complexité.

Interprétation positive

Dévouement, perfection morale, dépouillement, intense activité de l'âme, sacerdoce. Sur le plan sentimental : résignation et sacrifice. Soucis pour ce qui est matériel. Pertes et impossibilités sur le plan financier.

Interprétation négative

Utopie, illusion, rêve ou imagination hors de tout sens pratique. Projet irréalisable. Amour non partagé. Déceptions. Personne absorbée par sa passion, quelle soit matérielle, sentimentale, politique ou religieuse. Elle est soumise corps et âme à cette tyrannie sans prendre conscience de son esclavage.

ARCANE 13
LA MORT OU ARCANE SANS NOM

Un squelette armé d'une faux illustre cet arcane qui annonce des changements importants. Il ne s'agit pas forcément de la mort physique, mais d'une libération des énergies de la matière. Cette carte présente certes l'aspect périssable de l'existence, mais aussi la transformation de celle-ci dans les mondes inconnus du Paradis ou de l'Enfer.

Lors de son cheminement initiatique, le profane doit « mourir » pour renaître à une nouvelle façon d'être et de penser dans une nouvelle forme de vie. La Mort devient un fait transitoire. C'est l'arcane de la transformation et du renouvellement dans une évolution perpétuelle. Il est nécessaire que la graine meure pour que la plante pousse.

Son nombre, le 13, est par excellence le nombre de l'ambivalence : pour les uns, il est un porte-bonheur, et pour d'autres, il annonce le malheur. Il est à interpréter comme un recommencement après l'achèvement d'un cycle.

Interprétation positive

Transformation, nouveau départ, rupture des habitudes pour vivre différemment. Changement total et rapide qui peut intervenir aussi bien sur le plan professionnel que sur le plan sentimental. Il peut également s'agir d'un divorce ou de la mort d'un amour.

Interprétation négative

Séparation éprouvante. Échec hors de la responsabilité de la personne. Transformation ou changement très lent ou interrompu. Difficultés majeures. Tristesse, deuil. Fatalité, défaites.

Cette mauvaise réputation du nombre 13 remonte à l'Antiquité. Au dernier repas du Christ, les convives de la Cène étaient treize. Treize esprits du mal sont cités par la Kabbale. Dans l'Apocalypse, le treizième chapitre est celui de la Bête et de l'Antéchrist, etc.

ARCANE 14
LA TEMPÉRANCE

Cet arcane est considéré comme le symbole de l'alchimie. La femme qui verse le liquide contenu dans un pot qu'elle tient de la main gauche dans un autre quelle tient plus bas de sa main droite représente l'entrée de l'esprit dans la matière. Cette femme ne crée rien, son rôle se limite à transvaser un liquide ondulant sans qu'il s'en perde une seule goutte. Cette action symbolise aussi la réincarnation ou la transmigration des âmes.

La Tempérance nous rappelle l'éternelle circulation des fluides de la vie et la nécessité du difficile équilibre intérieur. L'ondulation du liquide, contraire aux lois physiques, évoque le passage sans cesse recommencé d'un monde à un autre. Ce transvasement sans fin marque avec calme et sérénité la continuité des processus vitaux et la Force (le fluide, l'énergie ou encore le magnétisme) qui se transmet d'un être à un autre. D'autre part, la Tempérance souligne la continuité qui existe entre le passé, le présent et le futur.

Son nombre, le 14, est le double de 7, le chiffre divin. Il est le symbole de la transmission du haut vers le bas.

Interprétation positive

Arcane favorable à toute communication. Les amitiés sont favorisées, les relations avec les autres sont bonnes. La modération, la sérénité et la patience créent de très bons rapports qui facilitent les entreprises professionnelles, commerciales ou matérielles. La réflexion dans le calme entraîne un manque d'ambitions. L'esprit d'union facilite les relations dans le travail et de bonnes possibilités de réussite.

Interprétation négative

Incompréhension, désaccords, conflits d'intérêts perturbent les relations avec les autres. Dépenses inconsidérées. La perte de vitalité et d'énergie entraîne un manque d'harmonie et des réactions incontrôlées et injustifiées. Sur le plan de la santé, risques de problèmes circulatoires et possibilité de contracter des maladies sérieuses ou inguérissables.

ARCANE 15
LE DIABLE

Le Diable symbolise les biens matériels, l'égoïsme et la sexualité. Il incarne l'orgueil et la passion. Debout, à demi nu sous un uniforme, le Diable affiche sa double nature, masculine et féminine. De plus, il est à la fois homme et bête.

Il exprime la matérialité par les quatre éléments de la nature : l'eau, l'air, évoqué par des ailes de chauve-souris, la terre qui le soutient et le feu de sa tête.

L'existence de l'homme se déroule sous l'influence des combinaisons de ces forces qui le poussent à assouvir ses passions par tous les moyens. Tels les diablotins de cet arcane, les humains sont soumis à sa volonté, réduits en esclavage sous la menace de l'épée qui souligne la menace de la domination du diable.

Son nombre, le 15, correspond à la quinzième lettre de l'alphabet sémitique qui, selon Wirth, de forme circulaire, évoque le serpent qui se mord la queue ; le serpent cause de la chute d'Adam.

Interprétation positive

Le Diable annonce souvent une passion amoureuse. Il peut s'agir également d'une entreprise professionnelle que le consultant tient à réaliser. Sur le plan financier, il annonce une réussite intéressante, mais obtenue au détriment des autres. L'existence est vécue avec passion et les tentations de la vie sont en permanence au premier plan. Les risques sont multiples et importants pour soi-même et pour les autres si l'on cède à l'esclavage des vices et des tentations.

Interprétation négative

Soumission à la colère, à la violence et à la malhonnêteté. Échecs. Insuccès. Risque d'être dominé par les autres. Malchance, dégradation morale. Forces occultes destructrices. Obsessions matérielles et sexuelles. Désordres, dissolutions, événements désagréables, malheurs.

ARCANE 16
LA MAISON-DIEU

Cet arcane représente une tour frappée par la foudre qui en arrache le toit constitué par une couronne de pierre. Cette tour représente la construction de l'individualité humaine ; elle sera ce que l'homme en aura fait. La brutalité de ia foudre symbolise éloquemment le coup de semonce du destin qui propose (ou ordonne) l'abandon du chemin matériel et le début d'un chemin spirituel. L'être humain est libre de ne pas en tenir compte ; mais il devra en subir les conséquences.

L'homme ne doit pas affronter les forces divines en « se bâtissant » sur les fondations de l'orgueil et de la vanité. La modestie est de rigueur et il est indispensable de tenir compte des avertissements sous peine de revenir au point de départ et d'avoir à lutter pour reconstruire. La prise en compte des expériences accumulées au fil du temps est utile pour la solidité de l'édifice.

Son nombre, le 16, est le carré de 4. Si le quatre est le symbole de la matière et de la création, le seize indique l'accomplissement de la puissance matérielle. Il indique aussi un orgueil démesuré et une volonté de puissance et de domination qui conduit à la destruction.

Interprétation positive

Un changement survient qui marque le début d'une nouvelle vie. Il est encore possible de tirer profit des erreurs accumulées aussi bien sur le plan sentimental que sur le plan professionnel. Rejet de valeurs et d'idées dépassées.

Interprétation négative

Conflit provoquant des ruptures qui peuvent être conjugales, sentimentales ou professionnelles. Risque de perte de situation. Des problèmes matériels et financiers sont à prévoir, qui entraînent catastrophiquement dans une chute difficile à surmonter. Il y a un risque d'incapacité à réaliser les changements indispensables par un manque de dynamisme pour se débarrasser d'habitudes négatives. Régression, instabilité, difficulté d'évolution.

ARCANE 17
L'ÉTOILE

Cet arcane est celui de la réceptivité, de l'inspiration venant « d'ailleurs ». L'être ne doit pas se contenter de sa vie étroite et limitée à ses sensations et à ses émotions. Un inconnu l'enveloppe qui peut lui dispenser une grande richesse.

Une jeune femme nue verse sur la terre aride une eau bienfaisante qui va faire apparaître et se développer la végétation. Cette végétation et le papillon qu'elle attire symbolisent des événements nouveaux et positifs. Huit étoiles brillent au-dessus de cette scène et parmi elles la plus grosse est Vénus. Ces étoiles rappellent l'arcane huit, la Justice, qui symbolise l'équilibre, la stabilité et l'intelligence coordonnant l'équilibre de l'Univers. Les rayons des étoiles sont source de clarté. Ils apportent à l'esprit la lumière, l'espoir, l'harmonie et l'amour.

Son nombre, le 17, évoque la renaissance, la mutation. Dans la nuit, le sommeil nous fait connaître une vie différente de l'âme et de l'esprit tandis que notre corps fonctionne mécaniquement. La sensibilité se nourrit de ces contacts entre deux mondes.

Interprétation positive

L'étoile est l'arcane des sensibilités artistiques et créatrices. Elle révèle la sensibilité du consultant et sa grande réceptivité. Elle an nonce des réussites dans le domaine des arts et des améliorations dans tous les autres domaines. Même les problèmes matériels et financiers connaissent cette amélioration. En amour, elle est annonciatrice de sentiments profonds et sincères et de la réalisation de désirs affectifs. Réussite et bien-être. Les efforts vont être récompensés.

Interprétation négative

Candeur, naïveté et ignorance. Instabilité et insatisfaction. Difficultés sentimentales et déceptions. Le pouvoir de séduction peut entraîner à utiliser ses charmes pour faire face aux difficultés matérielles.

ARCANE 18
LA LUNE

Sous l'aspect d'un visage de femme, la Lune diffuse ses influences sur la terre. Elle invite à la rêverie et aux illusions ouvrant une porte sur l'infini. Faussement lumineuse, elle n'est que le reflet de la lumière du soleil. Ses différentes formes symbolisent la périodicité mais aussi le renouvellement.

La lumière incertaine qui vient de la Lune ne permet pas de voir distinctement les formes et les couleurs. De même, notre lucidité peut être obscurcie par notre imagination qui, tels les reflets de la lune, peut avoir un effet illusoire, créant un jeu d'optique mental où se mêlent le bien et le mal. L'être doit garder une appréciation nette et réaliste s'il ne veut pas être entraîné vers le néant.

Les chiens sont les gardiens de l'imagination égarée et les Cerbères qui ne laissent pas passer toutes les mauvaises influences. L'écrevisse se prépare à dévorer tout ce qui est corrompu et sa marche négative symbolise les regrets du passé.

Son nombre, le 18 = 10 + 8 ; 10 : le tournant, le mouvement, l'évolution ; 8 : l'équilibre cosmique et symbole de l'infini vers lequel la Lune et l'imagination quelle crée ont tendance à nous entraîner.

Interprétation positive

Professionnellement, il est nécessaire de faire intervenir l'imagination et la création. Période de préparation. Les naissances sont favorisées. Annonce d'une grossesse. L'argent sera bien gardé et même caché. Attention aux incertitudes et au manque de confiance en soi.

Interprétation négative

Erreurs causées par de fausses imaginations. Pièges, hypocrisie, découverte de tromperies. Influences négatives, dangers. Divulgation fâcheuse de secrets intimes. Changements d'humeur, lubies, fausses idées.

ARCANE 19
LE SOLEIL

Le Soleil brille de tous ses rayons au-dessus d'un couple de jeunes gens. Ces enfants ont une attitude paisible, affectueuse et heureuse. La lumière solaire est éclatante, bien différente de la pâle clarté de la lune. Elle régénère les esprits, révèle la réalité des choses et souligne le bonheur de celui qui est en accord avec la nature. Le mur des épreuves individuelles a été franchi. Il faut alors commencer à mieux se connaître soi-même pour parvenir au couple sacralisé et à la paix dans la société. Les deux personnages ne représentent pas que le couple ; ils symbolisent toute l'humanité librement associée pour un travail constructif. Ils sont également l'image de la synthèse et de la fraternité en rapport avec le Soleil qui dédouble les êtres en leur créant une ombre.

Son nombre, le 19, symbolise le tournant après l'aboutissement des efforts et l'achèvement d'une création. Le 10 (5 + 5) tend dans cet arcane à l'harmonisation dans la dualité de l'être humain.

Interprétation positive

Cet arcane, porteur de chance, symbolise les unions parfaites sur le plan sentimental et sur le plan professionnel, ainsi que les associations harmonieuses et réussies. Régénération après une période d'épreuves suivie de lendemains rayonnants. Union sincère, joie, famille unie. Expression heureuse des talents littéraires ou artistiques. Félicité conjugale. Échanges fructueux. Bons rapports, succès et satisfactions.

Interprétation négative

Apparence trompeuse et éblouissement superficiel. Vanité et besoin d'être admiré. Frustration. Séparation et solitude. Manque de réussite au cours de l'existence et possibilité de reconnaissance des qualités et mérites à titre posthume. Insatisfaction par l'action de forces opposées.

ARCANE 20
LE JUGEMENT

L'arcane du Jugement est celui de la résurrection, du réveil à la vie. Après avoir libéré sa conscience, l'être humain va vivre dans un monde nouveau. L'ange ailé qui souffle dans une trompette évoque le Jugement dernier et la résurrection des corps. Un personnage vu de dos sort d'un sépulcre devant une femme et un homme âgé.

Les ailes et les mains de l'ange sont de couleur chair, ce qui indique qu'il est fait de la même matière que les hommes et que ceux-ci peuvent acquérir les ailes de la spiritualité. C'est le moment de rendre des comptes devant l'Esprit unificateur qui pénètre et sublime la matière. L'initiation permet à la nature humaine de se « diviniser » et d'approcher ainsi de la perfection divine.

Son nombre, le 20, représente le grand tournant (2 fois le nombre 10) qui libère l'être humain de la vie matérielle et le fait naître à la lumière de la vie spirituelle.

Interprétation positive

Prise de conscience soudaine. Événement imprévu et positif. Inspiration et intelligence. Éveil à la vie spirituelle. Éveil à la voyance. Jugement équitable. Possibilité de soulager les maux et de guérir des maladies. Rencontre inattendue. Liberté. Mission à accomplir. Solution favorable d'un problème délicat. Ouverture vers l'ésotérisme. Divination, prophétisme, clairvoyance, talents littéraires et artistiques. Rétablissement de la santé physique, morale et intellectuelle.

Interprétation négative

Ivresse spirituelle, illuminisme. Conscience obscurcie. Blocages. Agitation et surexcitation inutiles. Renommée tapageuse et étourdissante. Diminution du sens critique.

ARCANE 21
LE MONDE

L'arcane 21 a une valeur de synthèse suprême car il permet de construire le Tarot en sept séries de trois arcanes ou trois séries de sept arcanes. Il est l'aboutissement, le couronnement de l'œuvre, l'illumination. Il correspond à tout ce qui est manifesté. Le monde est le résultat de l'action créatrice permanente. Les lauriers sont le symbole de la gloire et de la victoire.

Le monde révélé est constitué par quatre éléments représentés par les quatre évangélistes. Le taureau de saint Luc pour la terre, le lion de saint Marc pour le feu, l'aigle de saint Jean pour l'eau, l'ange de saint Matthieu pour l'air. La femme qui est au centre devient la quintessence résultant des quatre éléments qui sauvegardent sa vie et son évolution. Cet arcane résume la création ; il est le plus favorable du Tarot.

Son nombre, le 21, est celui de la perfection qui symbolise la sagesse divine. C'est aussi celui de l'être humain libre et autonome qui peut choisir entre le bien et le mal. Ce nombre de la responsabilité a été choisi par beaucoup de peuples pour être l'âge de la majorité.

Interprétation positive

Les projets les plus ambitieux sont appelés à réussir, et cela, dans tous les domaines. Reconnaissance publique et événements imprévus favorables et bénéfiques. Dans le domaine affectif, tous les espoirs sont permis et réalisables ; la réussite est certaine dans l'harmonie et l'équilibre. Triomphe des activités en relation avec le public. Rentrées d'argent favorisées. Maladies surmontées.

Interprétation négative

Obstacles insurmontables. Tout se retourne contre le consultant. Échecs répétés. Les amitiés se révèlent hypocrites. Désillusions. Volonté réduite entraînant une inactivité stérile et ruineuse.

ARCANE SANS NUMERO
LE MAT OU LE FOU

Cet arcane peut être considéré comme la fin d'un cycle et le point de départ d'un autre cycle. C'est l'arcane le plus mystérieux et le plus inquiétant qui se place hors du jeu, hors du cheminement habituel. L'homme marche tel un vagabond, indifférent à l'animal qui s'agrippe à sa jambe, indifférent à tout ; même à son pantalon qui est déchiré. Il marche, appuyé sur son bâton, son baluchon sur l'épaule. Il marche comme quelqu'un qui sait où il va et qui ne se laisse pas distraire ; il avance... mais vers quoi ? Vers qui ? Symbolise-t-il l'être humain qui passe à côté de la connaissance divine ou celui qui ne peut plus être compris car il a dépassé le cycle dans lequel nous sommes ? En le voyant passer, les gens disent : « C'est un Maître. »

L'absence de nombre, c'est le vide, l'intense présence dépassée, le savoir suprême qui est pris pour ignorance. Zéro ou vingt-deux ? Pour lui, c'est un retour à zéro puisqu'il est en marche vers un nouveau cycle. Il n'a pu entreprendre cette marche que parce qu'il avait dépassé la plénitude du vingt et un.

Interprétation positive

Cette interprétation intervient rarement dans les domaines de la vie quotidienne. Le Fou dépasse notre compréhension. Il représente l'irrationnel qui pour nombre de gens correspond à l'absurde, au vide et au néant.

Interprétation négative

Cet arcane annonce une période de flottements et d'incertitudes. Illusions sentimentales. Départs incertains dans différents domaines. Un mauvais jugement et une irresponsabilité risquent de vouer les projets à l'échec. Impossibilité de reconnaître ses erreurs. Entêtement absurde. L'intuition irraisonnée dirige l'action et la passion neutralise la réflexion. Influences des forces occultes et des intérêts des autres. Irresponsabilité face aux instincts les plus destructeurs.

LES ARCANES MINEURS

LES BÂTONS

Les Bâtons correspondent aux trèfles du jeu de cartes. Dans l'art chrétien, le trèfle est le symbole de la puissance divine et de la Trinité. Nous retrouvons ce symbole dans la crosse de l'évêque et dans le sceptre du roi.

Le Bâton, qui peut soutenir la marche, peut aussi être une arme. Il est également le tuteur sur lequel s'appuie le disciple pour suivre les conseils du Maître.

Il existe un lien entre le symbolisme du Bâton et le symbolisme du Feu. Il est le point de départ nécessaire à toute évolution, il est « le feu » de l'action. Il participe à la fertilité et à la régénération.

Le Bâton symbolise le domaine des ambitions, des intérêts et des progrès matériels. Il révèle l'esprit créateur, les réussites, le travail, la force physique, les initiatives et les décisions. Il peut aussi symboliser l'humilité et la modération.

Ce sont les cartes qui l'accompagnent qui déterminent s'ils'agit du domaine professionnel, financier, sentimental ou familial.

LES ÉPÉES

Les Épées correspondent aux piques du jeu de cartes. La « pique », pointue comme l'épée, était une arme de main composée d'une hampe terminée par un fer aigu. Le pique est ainsi appelé pour sa forme en « fer de pique ».

L'épée est souvent associée à la Balance et à la Justice ; tranchante, elle sépare le bien du mal et frappe le coupable. C'est aussi le symbole de la lumière et de l'éclair. Elle est le feu qui « fend » l'air.

Elle est en rapport avec le dragon : la trempe de l'épée symbolise le mariage de l'eau et du feu.

L'Épée est le symbole du pouvoir par la conquête de la connaissance. En général, les Épées ne symbolisent pas le domaine des sentiments, mais plutôt les épreuves et les activités.

Ce sont les cartes qui l'accompagnent qui déterminent s'il s'agit du domaine professionnel, financier, sentimental ou familial.

LES COUPES

Les Coupes correspondent aux cœurs du jeu de cartes. Le symbolisme le plus répandu de la coupe se rapporte au Graal du Moyen Âge qui est le récipient dans lequel fut recueilli le sang du Christ. Le Graal, donc la coupe, contient à la fois la tradition perdue, et pas encore retrouvée, et le breuvage d'immortalité.

La coupe contenant le principe de vie qui est le sang devient, en toute logique, comparable au cœur humain. Ce cœur dont toutes les civilisations ont fait le réceptacle de l'intelligence est devenu en Occident le siège des sentiments. En Égypte, les hiéroglyphes désignaient le cœur par le dessin d'un vase.

L'élément auquel correspond la Coupe est l'eau qui peut symboliser les attirances et les instincts. La Coupe représente les sentiments, la sensibilité et l'affectivité. Les cartes qui l'accompagnent précisent les significations de chaque arcane dans la série des coupes.

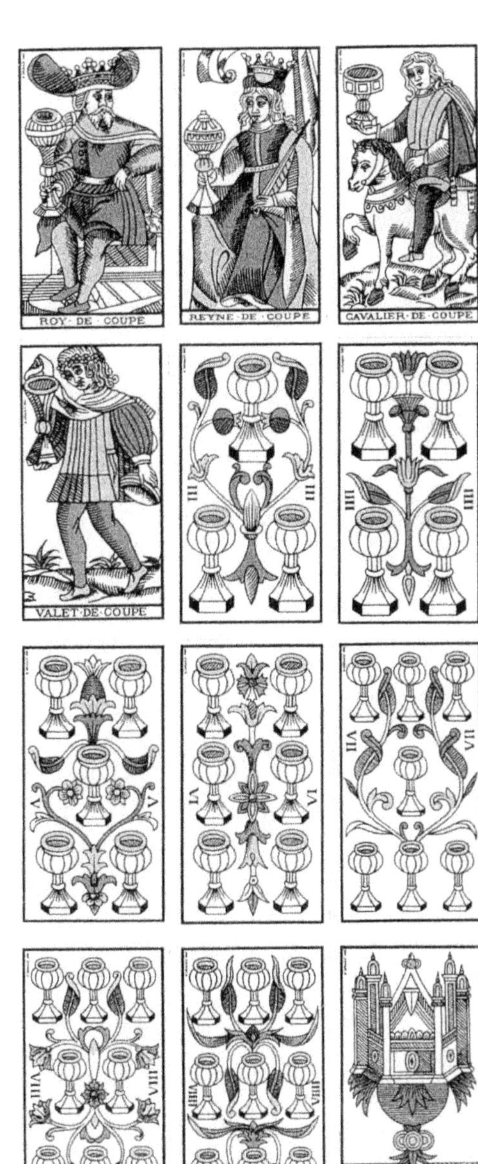

LES DENIERS

Les Deniers correspondent aux carreaux du jeu de cartes. Le denier est une ancienne monnaie romaine. Il fut aussi une monnaie française qui représentait le douzième du sou. D'après Oswald Wirth, le denier est un disque pentaculaire qui symbolise l'appui et la volonté, la matière qui condense l'action spirituelle.

Dans un jeu qui se pratiquait sur le sol, donc sur la terre, le carreau était une sorte de pavé plat fait de pierre ou encore de terre cuite. L'élément auquel correspond le Denier est la terre. Le carreau qui contient le chiffre quatre correspond à la solidité et à la puissance matérielle. Le denier (aujourd'hui l'argent, dans le sens de monnaie) confère cette puissance matérielle.

Symboliquement, le chemin initiatique commence par la descente sous terre, par l'entrée dans la caverne donnant à l'être humain un appui solide dans le monde qui est le sien.

Les arcanes mineurs : Leur interprétation

Les arcanes mineurs comprennent quatre séries qui ont pour noms : Bâtons, Coupes, Épées, Deniers.

Chaque série se compose de quatorze cartes : Roi, Dame, Cavalier, Valet et dix cartes numérotées de l'as au dix.

Le jeu de cartes, nous l'avons vu, est directement inspiré des arcanes mineurs du Tarot. La correspondance entre arcanes mineurs et cartes est l'objet de plusieurs interprétations.

Les Bâtons correspondent aux trèfles, les Épées aux piques, les Coupes aux cœurs et les Deniers aux carreaux. Dans notre chapitre sur « les origines mystérieuses du Tarot », nous avons examiné ces correspondances. Il convient cependant de signaler qu'il existe une autre interprétation qui fait correspondre les Bâtons aux carreaux et les Deniers aux trèfles.

Dans le jeu de cartes, les cavaliers ont été supprimés.

Ces arcanes ont un lien étroit avec les arcanes majeurs. Pour le souligner, le premier arcane majeur, le Bateleur, nous présente les symboles des arcanes mineurs : il tient dans ses mains un BÂTON, la COUPE et l'ÉPÉE (transformée en poignard) sont posées sur sa table ainsi que le DENIER.

Nous allons examiner les possibilités d'interprétation des 56 arcanes mineurs.

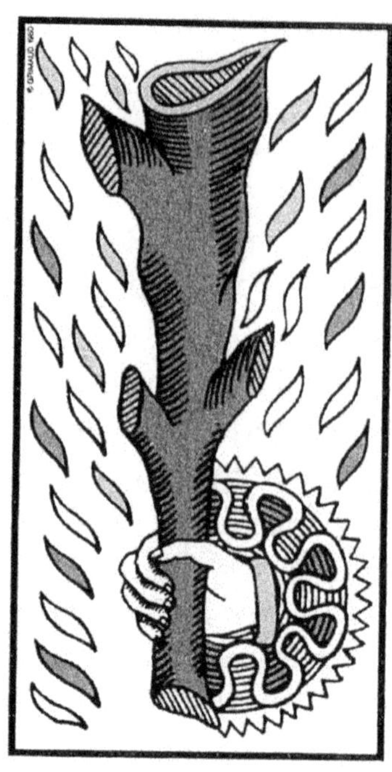

AS DE BÂTON

Une main tient une branche qui se trouve entourée d'une pluie de petites feuilles. La main symbolise la raison, le bâton, l'activité et le commandement, les feuilles, semblables à des flammes, les énergies distribuées.

Cette carte représente une forte énergie, les événements créateurs, les naissances ou renaissances, la réussite dans les affaires, le succès sentimental. Elle est très favorable. Elle annonce qu'il sera possible de triompher de toutes les épreuves. Dans certains cas, elle prédit aussi de fortes rentrées d'argent.

* Près du neuf ou du dix de bâton : réussite et succès éclatant. Près de l'As d'épée : démarche pour une somme d'argent. Près du Roi d'épée et suivie du Roi de deniers (qui ensemble représentent la justice) : le jugement sera entièrement en votre faveur.

* Tirage sur les arcanes majeurs :

Sur la Justice (arcane 8) : procès gagné.

Sur le Bateleur (1) : très bon départ qui promet des succès.

Sur l'Empereur (4) : vous possédez des pouvoirs accrus ; expansion et puissance.

Sur le Chariot (7) : des voyages d'affaires sont à envisager qui apporteront une superbe réussite.

Cet arcane dégage une énergie positive. Il est capable de neutraliser les cartes négatives.

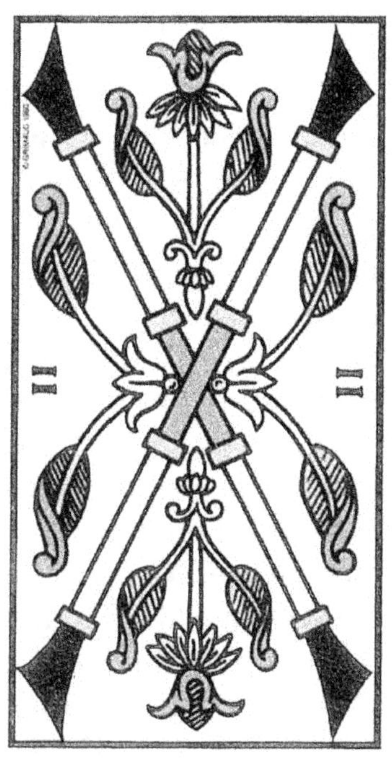

DEUX DE BÂTON

Les deux bâtons croisés indiquent la dualité et la difficulté des choix. Les hésitations entraînent des problèmes.

Cette carte annonce l'existence de malentendus, de pensées troubles. Elle révèle aussi l'hypocrisie et les désaccords financiers ou sentimentaux. Comportement aux conséquences défavorables. Entêtement qui peut entraîner des ennuis. Période de mélancolie. Difficultés imprévues. Fortes contrariétés et disputes sont à craindre dans le domaine sentimental ou affectif. Des fatalités ne permettent pas de maîtriser les situations financière et professionnelle.

* Si cette carte se trouve environnée d'épées ou de deniers, les ennuis seront professionnels ou financiers. Près des coupes, ils concerneront les sentiments. Au contraire, prés de l'As, du neuf ou du dix de bâton : les difficultés trouveront une solution plus ou moins rapide et favorable.

* Tirage sur les arcanes majeurs :

Sur le Diable (15) : votre entourage mettra tout en œuvre pour vous détruire. Attendez-vous à des escroqueries et à des tromperies.

Sur la Justice (8) : procès perdus. Conclusions défavorables.

Sur la Papesse (2) : des choses importantes vous seront cachées, soyez vigilant.

Cette carte est généralement négative, mais les cartes qui l'entourent peuvent atténuer cette tendance.

TROIS DE BÂTON

Les deux bâtons qui se croisent par ie centre sont soutenus par un troisième bâton. Celui-ci leur donne une force de décision qui fait entreprendre des actions aux résultats favorables. Les idées créatrices et le désir d'entreprendre avec bon sens donnent de bons résultats dans le domaine du commerce. La chance permet de réaliser des résultats financiers satisfaisants. L'entente et l'harmonie régnent dans les relations affectives, les sentiments et le foyer. Une bonne entente se développe dans les relations professionnelles.

* Près du huit d'épée : rétablissement après une maladie ou redressement après des difficultés. Près d'une carte qui représente un danger, par exemple le deux d'épée, le six d'épée ou le neuf d'épée : efficacité pour conjurer ou neutraliser ce danger et surmonter leurs obstacles.

* Tirage sur les arcanes majeurs :

Sur l'Étoile (17) : création artistique. Réussite dans le domaine des arts.

Sur le Jugement (20) : les événements inattendus surviendront en votre faveur.

Le 17 et le 20 peuvent vous amener à prendre conscience ou à développer des dons de voyance.

Sur l'Impératrice (3) : pouvoirs de séduction favorables dans les domaines sentimental et professionnel.

Cette carte est favorable. Elle donne aux arcanes négatifs la possibilité de sortir des situations pénibles par une action créatrice.

QUATRE DE BÂTON

Par le croisement des quatre bâtons, on obtient une solidité qui se fera ressentir dans les affaires comme dans ie foyer. C'est i'arcane de l'intelligence et du psychisme qui réalise les constructions positives. Stabilité économique dans des changements satisfaisants. L'aide des relations et connaissances s'exerce sur le plan financier et crée la sécurité matérielle. L'équilibre psychique permet la maîtrise de toutes les situations dont les difficultés devront être abordées avec autorité.

* Près des épées, cette carte résout les problèmes qui peuvent surgir. Près des bâtons : les succès sont en général garantis. Près des coupes ou des deniers, c'est toujours l'intelligence qui apporte l'équilibre et la solidité sentimentale (coupes) ou financière (deniers).

* Tirage sur les arcanes majeurs :

Sur le Pape (5) : la sagesse, l'intelligence et l'expérience facilitent à tous les niveaux les relations avec les autres et un rayonnement positif sur la société.

Sur la Justice (8) : promesse d'une carrière publique brillante qui peut toucher aux professions juridiques. Le 8 et le 5 annoncent la réussite dans une carrière politique.

Cette carte se situe sur un plan intellectuel. L'intelligence permet des initiatives de grande envergure, elle concilie harmonieusement la vie sentimentale et la vie professionnelle.

CINQ DE BÂTON

Nous retrouvons le croisement des quatre bâtons avec en plus un cinquième bâton qui vient les renforcer. Cet arcane apporte à la personne intéressée un caractère et une façon d'agir qui ne laissent pas de place pour les sentiments. Seule la réussite compte et ni rien ni personne ne peut la détourner du but à atteindre. Réussite et domination économique. L'intelligence et l'activité intense déclenchent des résultats positifs dans les entreprises professionnelles. Toutes les relations, y compris les relations sentimentales, sont dominées par les intérêts et les profits.

* Près des coupes qui symbolisent les sentiments, nous découvrons un personnage capable de jalousie et d'égoïsme qui ne s'intéresse qu'à recevoir et jamais à donner.

Cependant, près du Roi d'épée, cette carte annonce des difficultés qui ne sont pas avantageuses pour le consultant. Près du Roi de deniers et du Roi d'épée, séparation sentimentale ou divorce.

* Tirage sur les arcanes majeurs :

Sur la Roue de la Fortune (10) : l'intelligence et la prise de conscience des problèmes sont immédiatement neutralisées.

Sur l'Impératrice (3) : les sentiments sont remplis d'intérêts et d'égoïsme.

Sur le Pendu (12) : difficultés créées par des événements reliés au passé, susceptibles d'entraîner une perte financière.

Cette carte est celle des biens matériels et de l'abondance au détriment des autres.

SIX DE BÂTON

Le croisement des bâtons se fait encore par le centre et le ternaire présenté deux fois désigne un choix. Cet entrelacement promet des affaires embrouillées, avec des épreuves et des déceptions tant sur le plan professionnel que sentimental. Indécisions, blocages, malentendus, retards sont à prévoir. Il est nécessaire d'atténuer son arrogance et de limiter ses ambitions pour avoir une ouverture sur une possible réussite. Risques de difficultés, d'échecs et de sacrifices. La vie sentimentale est perturbée par des contrariétés et des déceptions. Les problèmes de santé s'aggravent.

* Près de l'As d'épée : indécision accompagnant des démarches ennuyeuses. Près du huit d'épée : maladie avec gros risques de complications. Près du Roi d'épée et du Roi de deniers : affaires en justice difficiles à démêler. Si le huit et le neuf d'épée sont dans le jeu : affaire d'héritage où se mêlent malentendus et mesquineries. Près du huit, du neuf ou du dix de coupe : préoccupations sentimentales, suite à des incompréhensions.

* Tirage sur les arcanes majeurs :

Sur le Pendu (12) : les événements du passé et de l'extérieur créent une période de blocage au cours de laquelle tous les événements seront subis. Annonce de pertes financières.

Sur le Squelette (13) : renaissance totale avec un changement important après les épreuves.

Sur l'Ermite (9) : la période d'épreuves et de solitude sera longue.

Cette carte est celle des complications et des situations embrouillées. Elle incite à la prudence. L'issue n'est pas forcément défavorable.

SEPT DE BÂTON

Un septième bâton se trouve au centre du même croisement pour le renforcer. Promesse de chance, de succès et de réalisation des projets. Les sentiments sont favorisés ainsi que la bonne entente affective et l'harmonie dans les relations avec les autres. La force du septième bâton génère l'énergie fertile autant sur le plan physique que sur le plan intellectuel et permet de trouver une issue favorable aux problèmes, qu'ils soient matériels ou affectifs.

* Près des coupes, cette force concerne les sentiments. Près du dix de deniers : un voyage est à prévoir. Près des épées : les préoccupations touchent le domaine du travail. Près des bâtons : domaine des finances. Près du neuf de bâton et du sept de deniers : annonce d'un événement important pour un avenir prochain.

* Tirage sur les arcanes majeurs :

Sur le Chariot (7) : annonce d'un voyage important, peut-être à l'étranger.

Sur le Soleil (19) : projet d'union ou de mariage.

Sur le Monde (21) : promesse d'une réussite éclatante dans le domaine professionnel.

Sur l'Étoile (17) : triomphe dans une carrière artistique.

Cette carte est celle des pensées fertiles, des idées géniales et de l'ouverture de la route qui mène au succès et aux gains.

HUIT DE BÂTON

Le huit de bâton présente encore un entre lacement de bâtons central. Cet équilibre crée une dualité qui affaiblit la stabilité. Cet arcane représente symboliquement une adolescente avec toutes les perturbations de cette période de la vie. Un flottement et une incompréhension caractérisent les relations familiales, sentimentales et amicales. L'instabilité contrarie les projets d'avenir. Risques de soucis financiers. Le manque de prévoyance et de lucidité peut être la cause de nouveaux problèmes tant sur le plan professionnel que sentimental.

* Près du cinq de bâton : votre enfant connaîtra une réussite matérielle, mais ne sera intéressé que par une situation qui lui permettra de dominer les autres. Près du dix ou de l'As de bâton : brillante réussite dans les études et réussite dans la vie. Près du Valet de coupe : début d'une relation sentimentale qui se développera.

* Tirage sur les arcanes majeurs :

Sur la Maison-Dieu (16) : matériellement et professionnellement, c'est une situation qui s'écroule. Pour une adolescente, promesse d'actions caractérielles pouvant mener à l'autodestruction.

Sur la Papesse (2) : une période de réflexion pourra permettre de résoudre les problèmes. Pour une adolescente, désir de poursuivre des études et de se cultiver.

Sur le Pendu (12) : période de blocage. Pour une adolescente, dévouement excessif envers les autres provoquant des situations embarrassantes.

Cette carte ne favorise pas les relations familiales et sociales. Elle révèle incertitude et instabilité.

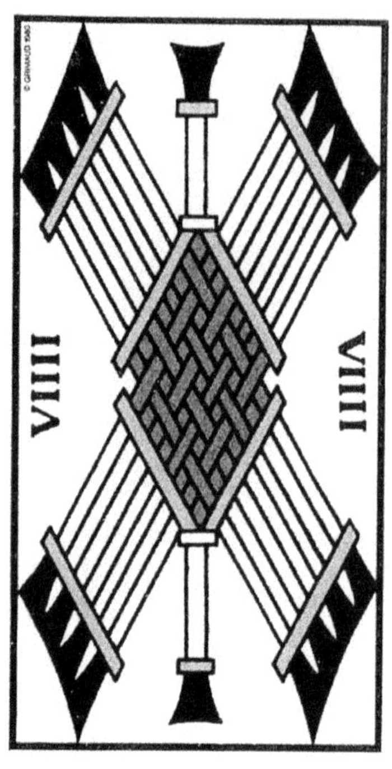

NEUF DE BÂTON

Nous retrouvons l'entrelacement du huit de bâton, mais soutenu par un neuvième bâton au centre qui donne à cet arcane une solidité et une force supplémentaires. Des changements peuvent survenir d'une façon très favorable. Les retards ne sont que provisoires. Professionnellement, vos compétences seront reconnues et vous en obtiendrez des avantages certains. Sur le plan sentimental, développement heureux des relations jusqu'au succès complet. Les amitiés sont sures et l'entente agréable.

* Près d'une ou de plusieurs cartes négatives, cet arcane neutralise les mauvaises prédictions. Il permet de réduire les conséquences les plus dramatiques et de dépasser avec réussite les plus dures épreuves. Près du dix de deniers et du dix de bâton, il annonce un voyage d'affaires qui sera couronné des plus grands succès.

* Tirage sur les arcanes majeurs :

Sur la Papesse (2) : études brillantes, réussite scolaire, succès à des concours.

Sur la Justice (8) : procès gagné. Droits reconnus.

Sur le Soleil (19) : parfaite harmonie du couple dont les intérêts matériels et financiers sont protégés.

Sur la Tempérance (14) ou sur Le Pape (5) : transmission du savoir. Dispositions pour les professions de l'enseignement.

Cette carte est celle du succès et de la réussite, des bonnes relations professionnelles ou sentimentales.

DIX DE BÂTON

Nous avons encore l'entrelacement du huit de bâton, mais cette fois soutenu non plus par un bâton, mais par deux bâtons au centre. Ce soutien accentue encore ce pouvoir de force supérieure et de solidité. Cet arcane certifie ou confirme la solidité des entreprises et des initiatives professionnelles. Il permet d'espérer prospérité et accroissement financier. La vie sentimentale ou familiale est solide et stable, bien ancrée dans la matérialité. Les relations sont appelées à jouer un rôle important lorsqu'une promotion est attendue.

* Si cette carte se trouve près des coupes, la séduction sentimentale sera complète et tous les espoirs vous sont permis. Près du neuf et de l'As de bâton, rentrées d'argent inattendues et imprévues. Près de la Reine et du Valet de coupe, annonce d'un mariage d'amour qui conférera au couple stabilité et sécurité.

Par contre, près de la Reine et du Valet de bâton, annonce d'un mariage dont les bases seront matérielles.

* Tirage sur les arcanes majeurs :

Sur la Lune (18) : l'imagination précédera la réflexion pour permettre la réalisation d'entreprises fructueuses.

Sur la Maison-Dieu (16) : les expériences et les échecs du passé seront utilisés pour reconstruire sur des bases beaucoup plus solides.

Sur le Bateleur (1) : nouveau départ qui peut concerner le plan sentimental ou le plan professionnel, suivi des satisfactions espérées.

Cette carte apporte une force et une énergie qui conduisent au succès et au triomphe éclatant. Elle peut annoncer un changement inattendu et positif, aussi bien dans le domaine sentimental que dans le domaine professionnel.

VALET · DE · BÂTON

VALET DE BÂTON

Un jeune homme, vu de profil, présente un grand bâton qui symbolise le commandement et l'action. Le valet représente un homme jeune qui peut être le consultant, son fils, son frère ou un ami. Il s'agit d'un garçon intelligent, actif et plein d'énergie. Il réalise l'équilibre entre le spirituel et le matériel. Il est généralement entouré et apprécié pour son intelligence et son humour. Seul le voisinage de cartes défavorables peut déséquilibrer le comportement de ce personnage.

* Près de la Reine de coupe : compagne toute à sa dévotion, en admiration, aveuglée par ses sentiments.

Comme tous les personnages illustrant une carte, le Valet de bâton verra son comportement et son avenir modifiés en fonction des cartes positives ou négatives qui l'entourent.

* Tirage sur les arcanes majeurs :

Sur le Mat ou Fou (22 ou 0) : jeune homme vagabond ou marginal. Difficulté à accéder à la stabilité, l'imagination dépassant la réalité.

Cette carte représente le consultant s'il est jeune et célibataire.

CAVALIER DE BÂTON

Il est sur son cheval et tient une massue de sa main gauche. Il est prudent et prêt à se défendre. Intelligence, dynamisme et audace sont ses caractéristiques. Il est réfléchi et apporte des créations dans ses activités. Il annonce des déplacements pour des démarches importantes. Il aime les voyages et se servira de ses expériences pour évoluer dans ses entreprises et obtenir un bon équilibre. Ses voyages peuvent l'emmener très loin comme l'indique son chapeau qui - comme celui du Bateleur - représente l'infini.

* Près des deniers : se rapporte à un homme d'affaires jeune et sérieux. Près des coupes : un jeune homme sincère et réfléchi dont les sentiments sont sûrs. Près des bâtons : il s'agit d'un jeune homme dont l'autorité est excessive. Près des épées : l'audace de ce jeune homme peut aller jusqu'à l'agressivité.

* Tirage sur les arcanes majeurs :

Sur le Jugement (20) : événements inattendus, imprévus et subits déclenchant un nouveau départ qui peut concerner le plan professionnel ou sentimental. Attirance vers l'ésotërisme.

Cette carte représente une personne qui entre dans la vie du consultant et peut lui apporter dynamisme et éléments nouveaux très favorables.

REINE DE BÂTON

Les cheveux longs de la Reine symbolisent la force. Cette force est autant celle du caractère que celle du pouvoir, car le bâton se rapporte à l'autorité. La couronne qui est également un symbole du pouvoir caractérise aussi l'intelligence. La Reine peut indiquer la dépendance ou la domination d'une femme susceptible d'apporter du bonheur et de l'affection. La chance est révélée par cet arcane, mais cette chance ne peut s'épanouir que si des efforts sont soutenus. Les affaires en cours connaîtront un aboutissement satisfaisant.

* Près du neuf ou du dix de bâton : réussite et succès assurés sur le plan matériel. Près du neuf ou du dix de coupe : les sentiments occupent une grande place. Près du Roi de bâton : mariage motivé par l'intérêt. Près du Roi de coupe : mariage dans lequel l'homme sera très épris de sa compagne.

* Tirage sur les arcanes majeurs :

Sur le Soleil (19) : la consultante recherchera l'harmonie totale dans son mariage et le bonheur complet au niveau de sa famille : cette recherche sera couronnée de succès.

Cette carte représente la consultante s'il s'agit d'une femme adulte. Elle peut représenter aussi sa sœur, sa mère ou une amie très proche. S'il s'agit d'un consultant, elle représentera son épouse ou sa mère.

ROI DE BÂTON

Richement vêtu et coiffé d'un grand chapeau surmonté d'une couronne, il tient devant lui et de sa main droite un grand bâton qui représente son sceptre. Fermement assis sur son trône, il occupe une position qui marque son pouvoir et son autorité. Le chapeau est le signe de la supériorité et la couronne celui de la souveraineté. Cependant, du visage se dégage une expression de noblesse protectrice et de cordialité. Sa sévérité n'est pas agressive et il peut apporter son aide dans les difficultés matérielles, car sa personnalité est ancrée dans tout ce qui est matériel.

* Près des coupes : l'attrait de tout ce qui est matériel est complété par des sentiments d'amitié désintéressée et d'affection. Près des épées : le côté matériel sera exclusif et seuls le succès, la puissance et le triomphe présenteront un intérêt. Près des deniers : l'égoïsme et l'avarice renforcent la matérialité.

* Tirage sur les arcanes majeurs :

Sur l'Étoile (17) : cet homme qui aimera briller en société ne sera attiré que par les femmes susceptibles de le mettre en valeur. Il parviendra à sa réussite.

Cette carte représente le pouvoir dominateur agissant avec subtilité pour obtenir des autres les avantages désirés. Elle peut représenter aussi le consultant ou son père, ou un associé, ou un ami. S'il s'agit d'une consultante, cette carte représente son conjoint.

AS D'ÉPÉE

Une main tient une épée, pointe en haut. La pointe est cachée par une couronne. L'épée symbolise le combat et la bravoure, tandis que la couronne symbolise le pouvoir. De part et d'autre, une branche de laurier représente la victoire et une branche de chêne, l'énergie. La vigueur et la détermination apportent démarches et réalisations futures avec les possibilités de surmonter les obstacles. Cet arcane concilie la raison et l'intelligence. Le courage et le désir de vaincre demanderont beaucoup d'efforts.

* Près du dix de deniers : démarches pour un voyage à l'étranger. Si l'As de bâton se trouve à côté, le succès de ce voyage sera considérable. Près du Roi d'Épée et du Roi de deniers : démarches auprès de la justice. Près de l'As de deniers, arrivée d'une nouvelle annonçant une rentrée d'argent.

* Tirage sur les arcanes majeurs :

Sur le Squelette (13) : démarches à la suite d'un décès.

Sur la Papesse (2) : préparation à des examens et concours.

Sur la Maison-Dieu (16) : démarches à la suite d'un échec.

Cette carte est celle des personnes qui écrivent beaucoup, soit professionnellement, soit en raison de dossiers à remplir ou de démarches à accomplir.

DEUX D'ÉPÉE

Une fleur est au centre de la carte. Autour d'elle, deux épées se croisent et soulignent une dualité. Symbole du principe passif, cette fleur marque le centre qui peut permettre d'équilibrer les forces et de maintenir une harmonie au milieu des adversités et des conflits. L'importance des difficultés entraîne des efforts disproportionnés avec la réussite des résultats. Rivalités dans les différents domaines et complications dans toutes les situations. Mensonges, trahisons, fausses amitiés.

* Près du neuf ou du dix de coupe : lutte pour des raisons sentimentales. Prés des bâtons : lutte pour raisons financières. Près du neuf, du dix ou de l'As de bâton : ces épreuves peuvent être atténuées.

* Tirage sur les arcanes majeurs :

Sur l'Amoureux (6) : difficulté du choix confirmant la dualité et accentuant les problèmes dont les proportions deviennent catastrophiques.

Sur le Diable (15) : jalousies matérielles ou sentimentales entraînant des conflits.

Sur le Bateleur (1) : embûches et problèmes pour la mise en route d'une entreprise ou d'un projet.

Cette carte est celle qui révèle les oppositions, les rivalités et les trahisons.

TROIS D'ÉPÉE

Une troisième épée se place entre les deux qui se croisent. Elle est verticale et neutralise la dualité. Cette troisième épée indique que des décisions sont à prendre d'urgence, car des problèmes difficiles sont à résoudre. Cependant, malgré les efforts, des déceptions sont à craindre suite à la non-réalisation de projets. Le maintien de l'équilibre exige une lutte constante. Épreuves financières lourdes à supporter. Fragilité de la santé. Mésentente, solitude.

* Près du Valet de coupe : risques de rupture sentimentale. Près des deniers : arrivée d'une mauvaise nouvelle. Près du dix de deniers : annulation d'un projet de voyage. Près du neuf de deniers : retard de tous les projets, qu'ils soient sentimentaux ou professionnels.

* Tirage sur les arcanes majeurs :

Sur l'Ermite (9) : période de solitude importante à craindre.

Sur le Mat ou Fou (22 ou 0) : imagination fantaisiste et irraisonnable causant des problèmes difficiles à résoudre.

Sur la Roue de Fortune (10) : relâchement et laxisme neutralisent la vigilance qui serait indispensable.

Cette carte annonce des complications, des difficultés et des embûches qui causeront de multiples retards, et des cassures compromettant la réussite des entreprises et des projets.

QUATRE D'ÉPÉE

Ces quatre épées qui s'entrelacent deux par deux symbolisent chacune la force qu'apporte un des quatre éléments. Cet arcane signifie que la lutte a été dure, mais que la stabilité commence à s'installer. Sur des bases solides, les difficultés s'aplanissent et tendent à se résoudre. La force est avec vous et vous disposez de moyens efficaces et puissants pour résoudre vos problèmes dans les différents domaines : activités professionnelles, sentiments, etc. Vous retrouvez une vitalité et un dynamisme qui vous poussent vers des résultats positifs malgré des sentiments d'isolement.

* Près de l'as de bâton : efforts couronnés de succès. Près du neuf de deniers : la lutte pour obtenir des résultats promet d'être longue et, par moments, vous perdrez confiance. Près du huit de bâton : fatigue et surmenage sont à craindre. Près du neuf ou du dix de coupe : les sentiments qui vont naître n'aboutiront pas.

* Tirage sur les arcanes majeurs :

Sur la Force (11) : votre vitalité et votre force de caractère vous permettront de surmonter toutes les épreuves.

Sur le Squelette (13) : des changements vont survenir qui vous libéreront malgré épreuves et difficultés.

Sur le Pape (5) : les études sont difficiles et les résultats seront moyens.

Cette carte est celle du succès malgré les fatalités que les efforts parviennent à neutraliser. Elle est aussi la carte de la lutte des solitaires.

CINQ D'ÉPÉE

Nous retrouvons les quatre épées de l'arcane 4 avec en plus une cinquième épée placée au milieu, pointe en haut. Cette force supplémentaire risque malgré tout de ne pas être suffisante pour vaincre de multiples difficultés, les relations sont troublées par des médisances, des hypocrisies, des querelles et des escroqueries. Obligations et contraintes sont difficiles à supporter et entraînent des idées obsédantes. Les circonstances imposent des restrictions, des confusions, des incertitudes et des échecs. Les risques de conflits conjugaux s'accroissent.

* Près de plusieurs cartes d'épée : des épreuves entraînant des résultats négatifs. Près du neuf ou du dix de bâton : épreuves vaincues grâce aux efforts déployés. Près de la Reine de bâton et du Roi de bâton : difficultés conjugales qui peuvent mener à une rupture.

* Tirage sur les arcanes majeurs :

Sur l'Impératrice (3) : troubles causés par une relation sentimentale entraînant des difficultés professionnelles.

Sur le Pendu (12) : conflits et obligations reliés au passé entraînant une immobilité dans le présent.

Sur la Lune (18) : risques de tromperies d'où résultent des situations difficiles.

Cette carte possède des significations contradictoires. Elle est l'arcane des ambiguïtés et des doubles sens.

SIX D'ÉPÉE

Deux fois trois épées qui se croisent indiquent la dualité qui existe entre le matériel et le spirituel. Cet arcane annonce des épreuves et des anxiétés qui bloquent les actions. Les sentiments sont plus importants que les intérêts matériels et provoquent une certaine incapacité lorsque des décisions sont à prendre. Les incompréhensions et les querelles interviennent tant sur le plan sentimental que sur le plan professionnel. Les angoisses et une tension psychique permanente déclenchent des problèmes de santé.

* Prés du huit de bâton : état dépressif pouvant s'aggraver. Près des deniers : des pertes financières sont à craindre. Prés des coupes : les conflits interviennent dans le domaine sentimental. Près du neuf ou du dix de bâton : possibilité d'adoucissement des situations pénibles.

* Tirage sur les arcanes majeurs :

Sur le Jugement (20) : épreuves initiatiques conduisant à un renforcement de la personnalité spirituelle.

Sur la Tempérance (14) : recherche de contacts et de relations susceptibles d'apporter conseils et soutien.

Sur le Diable (15) : particularités caractérielles engendrant des conflits.

Cette carte indique l'hypocrisie qui entoure le consultant dont la sensibilité est affectée et le dynamisme paralysé.

SEPT D'ÉPÉE

Nous retrouvons les trois épées situées de part et d'autre de la carte et s'entremêlant. Au milieu, une septième épée est placée avec la pointe en haut. Elle ne repose sur rien et le fait d'être ainsi suspendue lui donne une signification d'incertitude. Une grande persévérance est indispensable pour obtenir des résultats. La prudence est nécessaire, ainsi que la confiance en soi pour aller de l'avant. Les quatre fleurs indiquent la recherche d'une stabilité qu'il faut acquérir. Peu de satisfactions sont à espérer tant dans le domaine matériel que sentimental.

* Près des deniers : lutte tenace pour défendre ou satisfaire des ambitions financières. Près des coupes : défense d'intérêts sentimentaux ou spirituels. Près de l'As de bâton : efforts aboutissant à des résultats satisfaisants. Près du neuf de deniers : période d'épreuves se prolongeant.

* Tirage sur les arcanes majeurs :

Sur le Chariot (7) : changement de lieu nécessaire pour parvenir à vaincre les épreuves.

Sur le Monde (21) : possibilité de maîtriser les épreuves et d'aboutir à une réussite complète.

Sur le Bateleur (1) : commencement d'une entreprise ou d'une relation sentimentale. Cette carte est celle de l'incertitude et des efforts à accomplir avec courage pour triompher des difficultés.

HUIT D'ÉPÉE

Quatre épées de chaque côté s'entrelacent. Le quatre signifiant la stabilité, cette double stabilité crée un immobilisme qui neutralise les activités. Incompréhensions, vexations, diffamations et querelles font naître découragement, incertitude, hésitations pouvant aboutir à des états dépressifs. D'importants problèmes de santé sont à craindre. La confiance en soi est ébranlée et le physique comme le moral sont au plus bas. Les situations sont subies avec un sentiment d'injustice.

* Près du neuf d'épée : annonce d'un décès. Près du neuf, du dix ou de l'As de bâton : problèmes de santé surmontés d'une façon imprévue ou inespérée. Près du dix de deniers : risque d'accident.

* Tirage sur les arcanes majeurs :

Sur l'Amoureux (6) : état dépressif causé par des contrariétés sentimentales.

Sur l'Étoile (17) : risque de problèmes circulatoires. Même signification avec la Tempérance (14).

Sur la Roue de Fortune (10) : problèmes de la vie courante prenant des proportions inquiétantes. Ces problèmes ne sont pas combattus avec efficacité en raison de l'état de santé qui affaiblit la puissance des efforts.

Cette carte est l'arcane des épreuves les plus graves subies dans un climat d'incertitude, de peine et de luttes. C'est aussi l'arcane qui annonce des maladies.

NEUF D'ÉPÉE

Nous retrouvons les épées de l'arcane huit avec en plus une neuvième épée placée verticalement au milieu, pointe en l'air. Cette épée est une force qui figure des difficultés difficiles à contourner. Ces difficultés affectent tous les domaines. Des problèmes affectifs sont à craindre et le ménage subira les atteintes de cette tendance. Il convient d'agir avec une extrême prudence et de ne prendre aucune décision sans l'avoir longuement mûrie. Ruptures, séparations, divorces et solitude sont annoncés par cet arcane.

* Près de l'As d'épée, du Roi de deniers et du Roi d'épée : démarches pour un divorce. Si ces cartes sont accompagnées du huit d'épée : procès à la suite d'une succession. Près des bâtons : aspect négatif atténué. Près des deniers : complications au niveau de la vie professionnelle.

* Tirage sur les arcanes majeurs :

Sur l'Ermite (9) : longue période de solitude sans aucun appui. Le moral sera très affecté par cette situation.

Sur la Maison-Dieu (16) : obstacles entraînant des ruptures tant sur le plan professionnel que sentimental.

Sur la Lune (18) : découvertes de difficultés qui étaient restées cachées et dont les conséquences vont se prolonger dans le temps.

Cette carte indique des obstacles et des difficultés qu'il sera difficile de surmonter. Chagrins et problèmes affectifs.

DIX D'ÉPÉE

Nous retrouvons encore les huit épées entrelacées. Mais, cette fois, la force supplémentaire est figurée par deux autres épées qui se croisent. Ces dix épées ont une puissance capable d'influencer les événements. Les solutions favorables sont proches, des énergies nouvelles sont utilisées qui sont capables de permettre de résoudre les problèmes en cours, mais à la condition d'être vigilant. Des difficultés dans le travail sont en train de s'aplanir. Les querelles, toujours présentes, affectent beaucoup moins les relations sentimentales.

* Près du dix ou du neuf de bâton : succès assuré. Près du neuf de deniers : retards à prévoir qui entraîneront quelques troubles. Près des coupes : sentiments liés aux affaires, ce qui retardera la possibilité d'issues favorables. Près de l'As de deniers : arrivée d'une nouvelle qui apporte une amélioration dans les affaires.

* Tirage sur les arcanes majeurs :

Sur l'Empereur (4) : confirmation de la réussite dans une entreprise.

Sur le Jugement (20) : événement inattendu survenant avec force pour résoudre les problèmes.

Sur le Pape (5) : utilité des conseils d'un homme d'expérience.

Cette carte est l'arcane des épreuves surmontées, des énergies nouvelles, de la rapidité des changements, sous les conditions de rigueur et de vigilance.

VALET D'ÉPÉE

Un jeune homme habillé avec élégance est debout et immobile. Il est solidement figé sur ses pieds en équerre. Apparemment, il vient de sortir l'épée de son fourreau et il la tient de sa main gauche. Sa main droite s'appuie sur ce qui peut être le fourreau de son épée ou une canne. Son attitude est celle de l'inefficacité. Sa tête penchée et son air renfrogné soulignent sa méchanceté et sa malhonnêteté. Il est empreint de jalousie et prêt à toutes les trahisons. Le Valet d'épée représente une personne qu'il est préférable d'éviter, car sa fréquentation est totalement négative et peut entraîner vers des dangers.

* Près de la Reine de coupe : pour une femme, nécessité d'interrompre la fréquentation d'un homme plus jeune qu'elle. Celui-ci ne peut lui apporter que des problèmes et des contrariétés aux conséquences graves. Près du huit de coupe : mêmes problèmes, mais concernant une jeune fille qui fréquente un jeune homme dont elle doit s'éloigner.

* Tirage sur les arcanes majeurs :

Sur le Diable (15) : jeune garçon aux idées diaboliques et destructrices.

Cette carte représente un homme jeune dont la fréquentation présente un réel danger par sa négativité et son pouvoir de destruction.

CAVALIER D'ÉPÉE

Recouvert d'une armure, un homme sur un cheval au galop brandit une épée de sa main gauche. Un visage apparaît sur son épaulette gauche. Coiffé d'un casque, il est prêt à combattre. Courageuxjusqu'à la témérité, il est prêt à affronter avec force et énergie toutes les difficultés et tous les obstacles que dresse la méchanceté. Cet arcane libère des contraintes et éclaircit les situations. Il signale qu'il existe des adversaires à affronter, mais que leurs menaces peuvent être anéanties par la détermination.

* Près des cartes les plus négatives, il permet de trouver la force et l'énergie pour combattre et vaincre l'adversité. Près des deniers : démarches et déplacements peu agréables mais aboutissant à des résultats satisfaisants. Près du neuf, du dix ou de l'As de bâton : homme d'affaires appelé à entreprendre des voyages qui lui donneront la réussite professionnelle.

* Tirage sur les arcanes majeurs :

Sur le Chariot (7) : aventurier parcourant le monde et accumulant connaissances intellectuelles et réussites financières.

Cette carte symbolise la force au service du bien contre le mal.

REINE D'ÉPÉE

Assise sur un trône, elle tient dans sa main droite une épée qui lui donne le pouvoir de décision et d'exécution. De son visage se dégagent sévérité et froideur, car les épreuves de la vie i'ont rendue triste, amère et résignée. Elle est vêtue somptueusement et sa main gauche est légèrement levée car elle peut gracier et ordonner. Cet arcane est celui d'une femme jeune qui a subi des épreuves telles qu'un veuvage ou une séparation. La dureté de cette épreuve peut n'être que momentanée. Par contre, il peut aussi représenter une femme plus âgée, veuve ou divorcée, beaucoup plus marquée par la solitude.

* Près du Valet d'épée : annonce d'un danger pour le consultant, qui peut se rapporterau domaine sentimental ou au domaine professionnel. Près du Roi d'épée : couple dont l'amour très fort ne sera jamais détruit. Près du neuf d'épée suivi du huit d'épée : veuvage prochain.

* Tirage sur les arcanes majeurs :

Sur le Soleil (19) : prochain mariage ou prochaine union pour une femme veuve ou divorcée.

Cette carte peut être la consultante elle-même, si elle est veuve ou divorcée. Elle représente toujours une femme seule, telles la mère, la grand-mère ou la belle-mère.

ROI D'ÉPÉE

Ce roi est vêtu d'une armure et coiffé d'un chapeau à larges bords surmonté d'une couronne. Il a de longs cheveux (symbole de force) et sur ses épaulettes des visages humains apparaissent qui, par leur expression austère ou souriante, soulignent la dualité du personnage. Dans sa main gauche, il tient le bâton qui indique son pouvoir de commandement. Dans sa main droite, une épée renforce son autorité et inspire la crainte II représente un homme qui a subi des épreuves (veuvage, séparation), sa froideur et sa rudesse ne seront que momentanées.

Pour un homme plus âgé, le caractère sera dominé par la froideur et la dureté affectives.

* Près des cartes de coupes : neutralisation de sa froideur et de la sécheresse de ses sentiments remplacées par la recherche d'affection. Près du huit et du neuf d'épée : annonce d'un veuvage. Si le dix de deniers est à côté : veuvage accidentel. Près des deniers : avarice.

* Tirage sur les arcanes majeurs :

Sur le Soleil (19) : prochaine liaison ou mariage.

Cet arcane peut représenter le consultant lui-même s'il est veuf ou divorcé. Il représente toujours un homme seul, tel que le père, le grand-père ou le beau-père.

AS DE COUPE

Une grande coupe merveilleusement décorée. Cet arcane marque le début, le point de départ, le lieu originel d'oü partent la croissance et la renaissance.

Des satisfactions sont à attendre dans le domaine familial. Les projets se réaliseront, des affections ou des amours prendront naissance et l'harmonie régnera avec les membres de la famille comme avec les relations. L'équilibre matériel et sentimental est favorisé.

* Près du Roi et de la Reine de coupe : ententes familiales et conjugales protégées. Près de l'As, du dix ou du neuf de bâton : aucun problème matériel. Près des deniers : ambitions favorisées et concrétisation des projets professionnels.

* Tirage sur les arcanes majeurs :

Sur le Soleil (19) : une nouvelle union fondée sur l'amour profond et durable.

Sur le Mat ou Fou (22 ou 0) : des illusions sentimentales peuvent entraîner des incompréhensions. Le départ d'un des conjoints est à craindre.

Sur la Lune (18) : annonce d'une naissance.

Cette carte est celle du noyau familial dans son épanouissement et dans tout ce qui s'y rattache.

DEUX DE COUPE

Deux coupes placées côte à côte symbolisent l'intelligence et l'intuition. Le contenu marque l'activité. Mais le chiffre deux ne crée pas l'harmonie car il signifie la dualité qui mène à la rivalité. Cet arcane annonce des malentendus et des désaccords dans le domaine sentimental. Des déséquilibres et des difficultés sur le plan matériel seront entraînés par des dépenses imprévues ou inconsidérées. Sur le plan professionnel, trop de sentimentalité entraîne des déceptions et des difficultés.

* Prés de la Reine et du Roi de bâton : l'union sentimentale est plutôt décevante. L'équilibre du couple est remis en question. Prés du huit de coupe ou du huit de bâton (qui représentent des jeunes filles, l'une brune pour le bâton et l'autre blonde pour la coupe) : mauvais contacts au niveau familial pour l'une et pour l'autre. Près du six de bâton : incompréhensions affectant le côté professionnel et le côté sentimental.

* Tirage sur les arcanes majeurs :

Sur le Diable (15) : annonce d'une personne obsédée par la jalousie.

Sur la Justice (8) : dans différents domaines, des démêlés ne permettront pas de trouver une issue. Hypocrisie et jalousie seront au premier plan.

Sur l'Amoureux (6) : confirmation de la dualité et des difficultés de choisir en raison d'une hypersensibilité permanente.

Cette carte souligne la dualité et la sensibilité affective

qui font naître des malentendus et des contraintes. L'intéressé sera affecté par ce climat qui provoquera en lui (ou en elle) de véritables « serrements de cœur ».

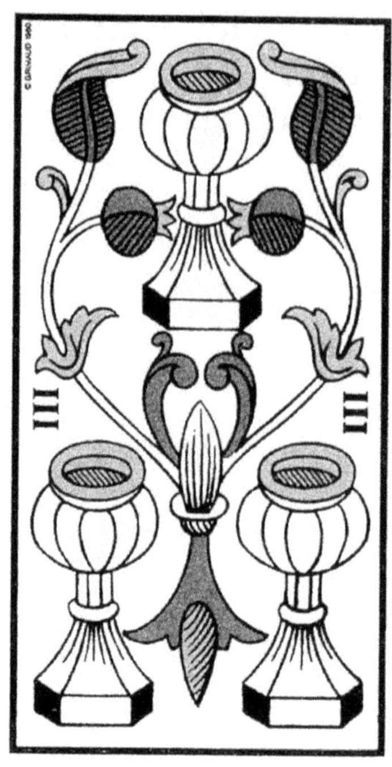

TROIS DE COUPE

Les deux coupes sont surmontées d'une troisième, et toutes trois forment un triangle, symbole de la réussite. Le UN de cette troisième coupe domine et maîtrise la dualité. Les deux branches fleuries qui partent du bas de la carte forment un cœur et se rapprochent sous le réceptacle de la coupe du haut. Avec cet arcane, les difficultés d'ordre sentimental sont résolues et les buts sont atteints. Les situations financière et professionnelle s'améliorent sensiblement. Les relations amicales sont dépourvues d'hypocrisie et de malhonnêteté.

* Près du neuf de coupe : nouvelle rencontre sentimentale apportant joie et bonheur. Près de l'As de deniers et de l'As de bâton : forte rentrée d'argent annoncée par un message. Près de la Reine et du Valet de bâton : annonce d'un mariage prochain.

* Tirage sur les arcanes majeurs :

Sur l'Impératrice (3) : les ambitions d'une femme sont importantes et cette personne réussit à établir un équilibre entre ses intérêts professionnels et son milieu familial.

Sur la Tempérance (14) : une personne, qui peut être la consultante ou l'épouse (ou l'amie) du consultant, présente des qualités de cœur, de douceur et de conciliation qui attirent vers elle amitiés et bonnes relations.

Sur la Justice (8) : procès gagné sans grandes difficultés.

Cette carte est celle de l'amour et du triomphe éclatant et du rayonnement envers les autres. Toutes les décisions sont couronnées de succès et la fin des soucis est proche.

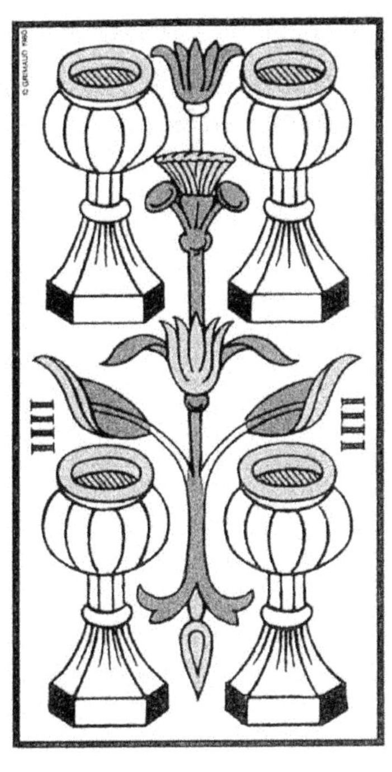

QUATRE DE COUPE

Quatre coupes présentées deux par deux composent le carré de la stabilité et de l'équilibre. Ces qualités s'expriment principalement sur le plan matériel, sans négliger le plan sentimental. Les relations sont bonnes et sincères dans la vie quotidienne, ce qui facilite une recherche nécessaire de la sécurité matérielle. Les conditions de la vie affective sont satisfaisantes. Dans le domaine financier, une protection est certaine. Les initiatives et les projets sont facilités, ce qui apportera une réelle expansion et une stabilité s'affirmant dans le domaine matériel.

* Près de l'As d'épée : démarches à prévoir pour la création d'une entreprise. Près du Roi de deniers : carrière militaire à un niveau important. Près du Cavalier d'épée : départ à l'étranger pour obtenir réussite et équilibre professionnel.

* Tirage sur les arcanes majeurs :

Sur la Force (11) : énergie et potentiel d'activité accrus par une puissance tant intellectuelle que physique donnée par le quatre et sa stabilité.

Sur la Lune (18) : imagination pessimiste créant un blocage et paralysant l'activité et le côté positif du quatre. Hésitations et incertitudes ralentissant les événements.

Sur l'Étoile (17) : solide réceptivité dans le domaine des arts.

Cette carte est celle des fortes valeurs sentimentales. Elle apporte confiance et protection et développe une gestion efficace dans les domaines matériels.

CINQ DE COUPE

Aux quatre coins de la carte, nous retrouvons les quatre coupes symbolisant la stabilité, plus une cinquième au centre qui apporte un élément nouveau et une force supplémentaire. Cette coupe est posée au centre d'un cœur formé par les tiges de deux fleurs. La fleur représente les vertus de l'âme, la perfection spirituelle.

L'évolution de la vie se fera dans la sérénité, l'entente et l'harmonie. Des éléments nouveaux apporteront l'équilibre. La sagesse, qui est la vertu principale de cet arcane, incitera à la tolérance et à l'indulgence.

* Près de l'As d'épée et du dix de bâton : rencontre sentimentale suscitée par le milieu professionnel. Près du neuf de coupe : personnage très mystique. Près du dix de bâton : le milieu professionnel est très favorisé et des responsabilités importantes sont à envisager.

* Tirage sur les arcanes majeurs :

Sur le Pape (5) : personne intéressée par l'enseignement et la transmission des connaissances.

Sur la Lune (18) : annonce d'une naissance.

Sur l'Étoile (17) : harmonie parfaite des sentiments, bons contacts avec l'entourage.

Cette carte ne favorise pas particulièrement le côté matériel car elle symbolise surtout la sagesse et la spiritualité.

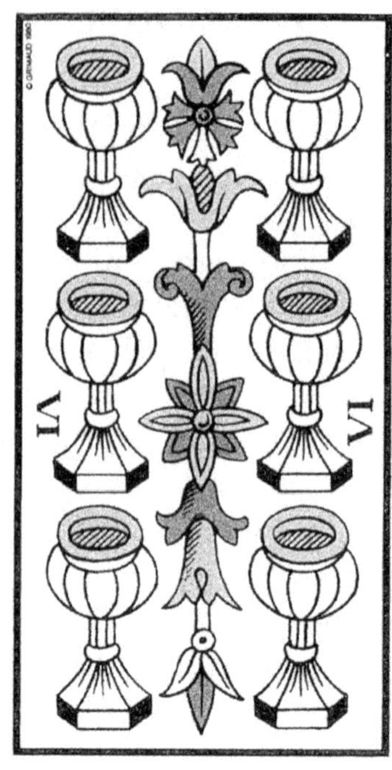

SIX DE COUPE

Trois coupes placées les unes au-dessus des autres se trouvent sur la gauche de cet arcane tandis que trois autres coupes, pareillement disposées, se trouvent sur le côté droit. Une grande tige de fleurs les sépare par le milieu, ce qui indique l'opposition entre deux forces qui peuvent symboliser le bien et le mal. Le nombre six est celui de la difficulté du choix.

Le six de coupe annonce des oppositions avec l'entourage. Il faut s'attendre à des désaccords et à des conflits. Les relations sentimentales ne seront pas favorisées et les déceptions seront nombreuses et profondes.

* Prés de l'As de coupe : conflits et désaccords familiaux. Près de la Reine de coupe et du Valet de coupe : risques de rupture de fiançailles. Près du dix de bâton : instabilité, manque de confiance en soi dans le domaine professionnel.

* Tirage sur les arcanes majeurs :

Sur la Lune (18) : personne déprimée et angoissée. Des problèmes de santé risquent de survenir.

Sur le Pendu (12) : déceptions sentimentales dans des situations bloquées et inextricables.

Sur la Maison-Dieu (16) : rupture entraînant un changement complet des conditions de vie.

Cette carte indique l'arrêt des désirs et des souhaits. Des obstacles difficiles à surmonter surgissent dans tous les domaines. Elle indique une perte de vitalité pouvant mener à des états dépressifs.

SEPT DE COUPE

Une ligne de trois coupes est en haut de la carte tandis qu'une autre ligne de trois coupes est disposée au bas de la carte. Au centre, une septième coupe est installée dans un cœur. Le nombre sept est un nombre divin qui représente une totalité en mouvement. Il ne peut avoir que des influences favorables sur les personnes et sur les événements.

Le sept de coupe est l'annonce d'amours susceptibles d'apporter de la joie et du bonheur. Toutes les espérances peuvent être satisfaites dans différents domaines. Bien que l'imagination dépasse parfois la réalité, la réussite n'est pas compromise et les succès sont certains.

* Près des cartes d'épée : chagrins et troubles surviendront et perturberont l'harmonie. Après cette période d'épreuves de courte durée, tout rentrera dans l'ordre. Près du Valet de coupe : rencontre sentimentale pour une jeune fille. Près du dix de deniers : annonce d'un voyage inattendu entrepris pour des raisons sentimentales.

* Tirage sur les arcanes majeurs :

Sur le Soleil (19) : mariage prochain couronné par un amour parfait.

Sur le Diable (15) : amour passionnel, exclusif et violent.

Sur le Bateleur (1) : commencement d'une relation sentimentale qui promet des jours heureux.

Cette carte conduit au succès, éclaircit les situations et écarte les peines et les soucis.

HUIT DE COUPE

Nous retrouvons les lignes de trois coupes en haut et en bas de la carte. Les coupes du haut symbolisent le spirituel et celles du bas, le matériel. Les deux coupes centrales sont en opposition etsoulignent cette dualité. Le nombre huit représente un équilibre qui peut entraîner l'inertie.

Cet arcane figure la prise de conscience de l'adolescence devant les difficultés de la vie. Les projets et les décisions sont contrariés et retardés.

Les aboutissements sont incertains et les déceptions nombreuses, qu'il s'agisse des sentiments, de la profession ou des intérêts. Ces problèmes sont susceptibles d'entraîner des altérations de la santé.

* Près du Valet d'épée (qui correspond au Valet de pique) : fréquentations masculines dangereuses pour une jeune fille. Près du sept de coupe : renversement des tendances négatives. Aboutissement heureux des projets. Prés du huit d'épée : problèmes de santé très préoccupants pour une adolescente.

* Tirage sur les arcanes majeurs :

Sur la Maison-Dieu (16) : contrariétés provoquées par une adolescente et par des risques de fugue.

Sur l'Ermite (9) : études laborieuses, mais recherche de l'isolement. Sociabilité restreinte.

Sur l'Étoile (17) : féminité et sensibilité artistique se répercutant sur la carrière professionnelle.

Cette carte est celle des déceptions, des désillusions et des tracas souvent causés par les problèmes de l'adolescence.

NEUF DE COUPE

Trois coupes sont disposées trois fois sur trois lignes. Le chiffre neuf marque la fin des unités et la fin d'un cycle. Il est un aboutissement, l'arrivée après un long cheminement. C'est l'image du repos et de la quiétude mérités dans une atmosphère paisible.

Les objectifs sont atteints et les projets se réalisent. Annonce d'un bonheur conjugal et de sentiments sincères, y compris dans les relations amicales. La santé est bonne ou s'améliore. Les réalisations matérielles et financières sont favorisées.

* Près du dix de bâton : grand succès sentimental durable. Près de l'As de deniers et de l'As d'épée : arrivée d'un message attendu annonçant un changement dans le domaine professionnel. Près du huit de coupe : neutralisation totale des mauvaises influences du huit.

* Tirage sur les arcanes majeurs :

Sur l'Ermite (9) : amour basé sur la spiritualité. Les sentiments sont plus importants que les relations physiques.

Sur le Pape (5) : sagesse, stabilité, amour des autres, dévouement, désir de transmettre ses connaissances.

Sur le Monde (21) : réussite matérielle et sentimentale.

Cette carte annonce force et vitalité, joies et satisfactions dans la paix et la sérénité.

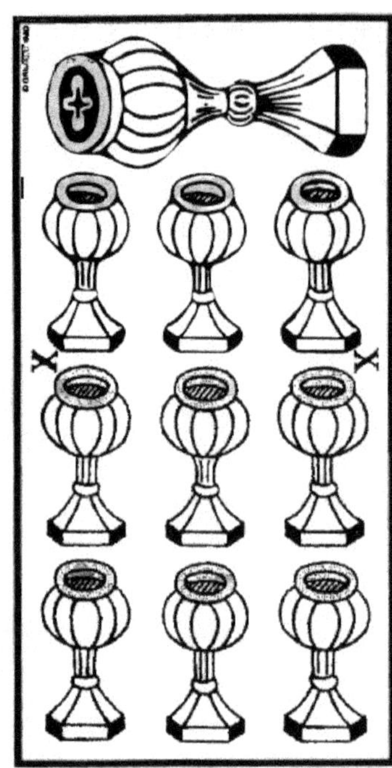

DIX DE COUPE

Les neuf coupes sont disposées comme précédemment, mais elles sont « survolées » par une dixième coupe placée tout en haut de la carte. Cette dixième coupe est nettement plus volumineuse car elle symbolise la synthèse des neuf coupes et indique le départ pour un nouveau cycle (les dizaines après les unités). Ce nombre dix, qui marque un tournant, possède une puissance qui permet d'atteindre les plus grandes réussites.

Cet arcane apporte toutes les prédictions du neuf de coupe, mais plus solidement encore. Toutes les relations sont satisfaisantes. Dans ce tournant de la vie, des transformations heureuses se préparent ou se réalisent.

* Près du dix ou du neuf de bâton : de bons succès financiers sont assurés. Près des cartes négatives, comme les épées, cet arcane amoindrit ou neutralise les mauvaises prédictions. Près du dix de deniers : réalisation d'un voyage agréable.

* Tirage sur les arcanes majeurs :

Sur le Mat ou le Fou (22 ou 0) : idées surprenantes et originales nées d'une imagination débordante, amenant dans différents domaines, et notamment dans celui des arts, des réalisations de grande envergure couronnées de réussite.

Sur le Jugement (20) : propositions surprenantes et inattendues apportant un changement total dans la vie. Ce changement peut être matériel ou spirituel.

Sur la Roue de Fortune (10) : la chance et le dynamisme

amplifient encore les heureuses prédictions du dix de coupe et lui apportent une grande liberté d'action.

Cette carte possède une puissance capable de neutraliser les mauvaises prédictions des cartes négatives qui l'entourent.

VALET DE COUPE

Un Valet se dirige vers le côté gauche de la carte. Il est jeune et marche vers son avenir en tendant de la main droite une coupe prête à recevoir tout ce que la vie va lui offrir. Sa main gauche est libre en signe de déférence.

Cet arcane peut figurer le consultant lui-même, s'il est jeune et célibataire, ou un fils, un frère, un ami, ou encore le fiancé d'une consultante. Cet arcane peu actif confirme les sentiments sincères et le dévouement aux autres.

* Près de l'As de bâton : avenir prometteur qui aboutira à une réussite certaine. Près du dix de coupe : amour débordant et recherche d'une concrétisation sentimentale qui se réalisera. Près de l'As de coupe : attachement important aux racines familiales.

* Tirage sur les arcanes majeurs :

Sur le Chariot (7) : départ prometteur dans la vie avec beaucoup de dynamisme et d'ambition. Déplacements importants pour atteindre les plus grands objectifs.

Cette carte est la représentation d'un homme jeune dont les qualités sont le dévouement et la serviabilité mais qui est encore particulièrement timide. Des cartes dynamisantes sont susceptibles de le transformer.

CAVALIER DE COUPE

Tête nue, un homme jeune arrive sur un cheval. De sa main droite, il tient une coupe qu'il semble offrir. Son attitude est calme, noble et passive. Cet arcane révèle l'importance du domaine affectif qui connaîtra une réussite. Par ailleurs, les autres domaines tels que la profession et les intérêts matériels ne se développeront pas. Le laxisme peut contrarier la bonne entente conjugale. Les liens affectifs sont renforcés, mais des difficultés risquent de surgir au fil du temps. L'imagination masque souvent la réalité.

* Près du trois d'épée, inertie et laxisme créent des complications dans le domaine affectif et familial. Près du deux de bâton : domaine professionnel altéré par des mésententes et des incompréhensions. Près du dix de bâton : maintien de l'équilibre dans la vie familiale et sentimentale et satisfactions professionnelles.

* Tirage sur les arcanes :

Sur la Lune (18) : dans l'entourage du consultant, personnage pessimiste et renfermé dont il subit ou subira l'influence aux conséquences peu importantes.

Cette carte symbolise une grande sentimentalité peu exprimée. Elle peut représenter un timide qui contrarie ses propres intérêts par son immobilisme.

REINE DE COUPE

Bien installée sur son trône, une femme à l'allure passive tient dans sa main droite une énorme coupe. Dans sa main gauche, un sceptre en forme d'épée est appuyé contre son épaule. Elle est coiffée d'une couronne d'or et ses vêtements somptueux sont rouge, bleu et vert. Pour cette Reine, le rouge symbolise l'activité et le bleu, la spiritualité. La coupe représente la générosité du cœur et le dévouement aux autres, ainsi que l'honnêteté. La couronne et le sceptre symbolisent le pouvoir et l'autorité, essentiellement dans le domaine affectif.

* Près du Roi de coupe : union conjugale dont les liens affectifs seront très forts. Près des bâtons : les qualités affectives sont complétées par un dynamisme entraînant des réussites dans les domaines professionnel et financier. Près de l'As d'épée : solitude dans la lutte pour l'obtention de résultats positifs. Dans cette lutte, la lucidité apportera l'équilibre.

* Tirage sur les arcanes majeurs :

Sur le Jugement (20) : recherche de l'enrichissement intérieur et évolution de la spiritualité.

Cette carte désigne la consultante elle-même, son amie, sa mère ou sa sœur. Pour un consultant, elle peut indiquer son épouse ou son amie intime.

ROI DE COUPE

Un homme d'âge mûr est assis sur un trône dans une attitude nonchalante qui révèle sa bienveillance. Sa barbe longue est un signe de grande expérience. Il est coiffé d'un chapeau à larges bords avec, au milieu, la couronne d'or qui marque son autorité. Il tient dans sa main droite une énorme coupe d'or qui symbolise ses qualités de cœur et ses excellentes relations avec les autres. Ce Roi est l'image de l'homme protecteur et de la sérénité.

Cet homme reflète l'honnêteté et la générosité. Sa bonté et sa compréhension s'allient à son sens profond des responsabilités.

* Près des bâtons : entreprises et activités professionnelles menées avec sérieux, compétence, dynamisme et bons profits, sans altérer les qualités de cœur et les excellentes relations avec les autres. Près du Valet d'épée, suivi du Roi d'épée ou du Roi de bâton : prudence et méfiance nécessaires afin d'éviter les pièges de collaborateurs et de l'entourage prêts à utiliser à leur profit bienveillance et générosité. Près de l'As de coupe : protection et union du noyau familial.

* Tirage sur les arcanes majeurs :

Sur le Monde (21) : assurance d'une grande réussite tant sentimentale que professionnelle.

Cette carte représente le consultant, son père, un frère ou un ami. S'il s'agit d'une consultante, elle représente son mari, son ami intime, son père ou son frère.

AS DE DENIERS

Un disque rayonnant est au centre de la carte, posé sur deux tiges fleuries. Ce disque représente un denier, ou un pentacle. Tel un soleil doré, il diffuse une énergie positive. Au-dessus et au-dessous, quatre fleurs ouvertes représentent la réceptivité tandis que quatre autres fermées symbolisent la solidité. Ces huit fleurs indiquent le parfait équilibre qui se dégage de cet arcane. La fleur centrale synthétise le retour à l'unité.

Réussite et bien-être seront réalisés autant dans le domaine matériel que dans le domaine spirituel.

* Près des cartes de bâtons : succès et triomphe matériels et professionnels. Près des épées : lutte difficile pour atteindre la réussite professionnelle ou sentimentale. Près du dix de deniers : annonce d'un voyage.

* Tirage sur les arcanes majeurs :

Sur la Roue de Fortune (10) : renforcement de l'énergie et du pouvoir de décision qui amèneront à la réussite.

Sur l'Ermite (9) : réussite de la recherche solitaire.

Sur le Soleil (19) : totale réussite sentimentale et matérielle.

Cette carte est celle de l'activité, de l'énergie et de la prospérité.

DEUX DE DENIERS

Deux deniers sont placés dans les boucles d'un S de couleur bleue. Ces deniers semblent être retenus, comme prisonniers de cette lettre. Le signe de l'opposition entre le matériel et le spirituel est très fort dans cet arcane. Cette opposition ne permet pas d'imaginer et d'entreprendre et elle entraîne des difficultés qui perturbent fortement les réalisations matérielles et professionnelles. La vie sentimentale et affective est également contrariée.

* Près de l'As d'épée : nombreuses démarches causées par des conflits professionnels ou financiers. Près du dix de bâton : issue proche et favorable des conflits tant sur le plan professionnel et matériel que sentimental. Prés du dix de coupe : malentendus et problèmes affectifs ou sentimentaux qui causeront angoisses et pincements de cœur.

* Tirage sur les arcanes majeurs :

Sur le Pendu (12) : les problèmes financiers se perpétuent et créent une situation de blocage qu'il sera difficile de dépasser.

Sur la Maison-Dieu (16) : obligation d'un changement brutal sur le plan professionnel suite à des problèmes causés par les erreurs, les négligences ou l'incompétence.

Sur l'Ermite (9) : long chemin solitaire à parcourir pour dépasser les problèmes.

Cette carte annonce des problèmes matériels et professionnels qui peuvent perturber le domaine sentimental.

TROIS DE DENIERS

Un denier en domine deux qui sont placés côte à côte et symbolise ainsi le dépassement de la dualité. Cet élément nouveau par rapport au deux de deniers apporte des modifications positives et satisfaisantes sur tous les projets. Les rencontres et les transactions professionnelles pourront faire éclore de nouvelles réalisations qui amélioreront la situation sociale. Les malentendus et les problèmes affectifs ou sentimentaux se dissipent pour faire place aux accords et à l'harmonie. La santé s'améliore ou se maintient sans difficulté.

* Près du huit ou du neuf d'épée qui annoncent des maladies très graves : amélioration qui peut être durable ou momentanée. Près du Valet de coupe : réponse favorable dans le cas de l'attente d'une situation professionnelle. Près des bâtons : confirmation d'une réussite financière.

* Tirage sur les arcanes majeurs :

Sur le Bateleur (1) : commencement d'un travail (ou d'une entreprise) attendu apportant libération et réussite matérielle.

Sur le Soleil (19) : épanouissement professionnel et sentimental.

Sur la Tempérance (14) : relations et connaissances favorisent la réussite.

Cette carte n'annonce que des succès, des réussites et des actions efficaces.

QUATRE DE DENIERS

Les quatre deniers, qui représentent la solidité et la stabilité, sont renforcés par un losange au centre de l'image. Le matériel est au premier plan. Les projets sont réalisables, vont se concrétiser et des idées originales vont permettre de nouvelles créations. Malgré des difficultés, la situation financière reste stable, souvent grâce à l'intervention de bonnes relations. Un sentiment de sécurité règne dans le domaine sentimental. La réussite matérielle peut être accompagnée d'une tendance à l'égoïsme et à l'avarice. Pour la satisfaction des ambitions, les intérêts des autres ne sont pas pris en compte.

* Près du Roi de bâton : personnage démuni de sentiments et prêt à écraser sans scrupules tous ceux qui gênent ses ambitions. Près du Valet d'épée : personnage très dangereux prêt à dérober les biens d'autrui pour asseoir sa situation matérielle. Près de l'As de deniers : réussite matérielle considérable.

* Tirage sur les arcanes majeurs :

Sur l'Empereur (4) : entreprise qu'une bonne gestion rend financièrement solide.

Sur l'Étoile (17) : l'amour du luxe ne laisse pas de place à l'amour de la compagne et il va jusqu'à utiliser ses charmes pour obtenir des avantages matériels.

Sur le Squelette (13) : changement nécessaire pour permettre une évolution dans le domaine professionnel.

Cette carte stabilise et ancre très fortement la vie matérielle des autres et la vie sentimentale.

CINQ DE DENIERS

Quatre deniers sont disposés aux quatre coins de la carte. Un cinquième denier en occupe le centre. Ce cinquième s'ajoute à la matérialité qui s'en trouve amplifiée. Dans le domaine professionnel, de nouvelles perspectives d'amélioration apparaissent. Les amitiés se développent dans une atmosphère de sincérité et de loyauté. Tous les problèmes matériels et financiers sont maîtrisés et dominés. Facilement, les situations évoluent favorablement dans tous les domaines.

* Près de la Reine et du Valet de coupe : naissance de projets d'union ou de mariage. Près du Roi de deniers et du Roi d'épée : rentrée d'argent à la suite d'un procès. Près de l'As de coupe : stabilité matérielle et sentimentale s'harmonisent.

* Tirage sur les arcanes majeurs :

Sur le Pape (5) : possibilité de promotion pour une personne dont l'activité professionnelle concerne l'éducation.

Sur la Tempérance (14) : facilité de communication avec les autres entraînant la naissance de très bonnes relations.

Sur la Papesse (2) : poursuite de longues études couronnées de succès.

Cette carte est très favorable. Elle annonce la réussite des projets qui connaîtront d'excellents succès.

SIX DE DENIERS

Quatre deniers occupent le centre de la carte et sont séparés les uns des autres. Ils sont au-dessus d'un cinquième denier et au-dessous d'un sixième denier. Les forces de ces deniers ne communiquent pas et ne s'harmonisent pas car des obstacles sont dressés entre elles.

Ce manque d'harmonie et ces oppositions I se répercutent dans tous les domaines' qui connaissent des entraves, des retards, des conflits et des déceptions. De multiples désaccords perturbent les relations, qu'elles soient affectives, sentimentales, financières ou professionnelles. Des regrets s'ajoutent au découragement pour amoindrir le dynamisme et la vitalité.

* Près du huit d'épée : conflits déclenchant des problèmes de santé qui prendront de l'importance. Aggravation des maladies. Près des coupes : perturbations dans le domaine sentimental et risques de rupture. Près du six de bâton : sérieux problèmes financiers et professionnels.

* Tirage sur les arcanes majeurs :

Sur le Pendu (12) : pertes d'argent difficiles à surmonter. L'intéressé ne devra compter que sur lui-même.

Sur la Force (11) : après une période d'épreuves, l'énergie et le dynamisme du consultant permettront d'aboutir à une issue favorable.

Sur l'Ermite (9) : repli sur soi-même et isolement causé par les difficultés auxquelles le consultant doit faire face.

Cette carte est celle de l'isolement causé par des événements contrariants dont le consultant est souvent en grande partie responsable.

SEPT DE DENIERS

En haut de la carte, trois deniers forment un triangle dont la pointe tournée vers le bas semble désigner un groupe de quatre deniers placés deux par deux. Ce triangle renversé neutralise la force des quatre deniers qui sont séparés par des tiges.

La puissance ne manque pas, mais une autre force s'oppose à elle et peut la transformer en agressivité. En conséquence, des discussions, des querelles et des disputes sont à prévoir dans tous les domaines de la vie.

* Près du six de deniers : des disputes violentes provoqueront des ruptures qui affecteront principalement le domaine professionnel. Près du Valet d'épée : conflits pouvant déclencher la violence physique. Près des coupes : mauvaise entente, malentendus, désaccords et disputes interviennent dans la vie sentimentale et créent un climat désagréable dont les conséquences dépendent des cartes voisines.

* Tirage sur les arcanes majeurs :

Sur le Diable (15) : risque de subir les assauts d'une personne agressive et active dont les actions sont menées sous le signe de la violence.

Sur le Jugement (20) : période de crise survenant brutalement et que subit le consultant qui n'était pas préparé à l'affronter.

Sur la Justice (8) : des désaccords entraîneront une procédure en justice.

Cette carte est celle de la lutte contre des forces opposées qui agressent violemment l'intéressé, souvent par surprise, et ne lui permettent pas de prendre rapidement les décisions indispensables pour assurer sa défense.

HUIT DE DENIERS

Huit deniers sont disposés deux par deux, verticalement sur cette carte. Ils sont systématiquement séparés les uns des autres et n'ont pas la possibilité de se communiquer leurs énergies, il ne s'agit plus d'agressivité, mais plutôt de passivité, d'instabilité et de stagnation. Malgré les efforts fournis, en ordre dispersé, la réussite n'intervient pas dans tous les domaines, les aboutissements heureux sont sans cesse retardés. C'est une période d'attente au cours de laquelle on n'enregistre pas de véritables échecs, mais qui n'apporte pas non plus de réelles satisfactions.

* Près des épées : dans le domaine professionnel, les avancements, les promotions ou les progrès attendus sont suspendus en raison d'oppositions et de discordes. Près de l'As de coupe : même situation, mais dans le domaine familial, affectif ou sentimental. Près du neuf ou du dix de bâton : neutralisation de la négativité et espoirs d'ouverture.

* Tirage sur les arcanes majeurs :

Sur l'Amoureux (6) : incompatibilité des caractères entraînant des difficultés qui conduiront à une rupture.

Sur le Mat ou Fou (22 ou 0) : imagination débridée menant à des événements extravagants renouvelant sans cesse un avenir incertain.

Sur la Lune (18) : pessimisme et imagination négative sont source de problèmes.

Cette carte n'annonce pas des situations catastrophiques, mais une tendance générale à la stagnation et aux retards.

NEUF DE DENIERS

Quatre deniers placés deux par deux dans la partie supérieure de la carte sont séparés de quatre autres deniers disposés pareillement dans la partie inférieure. Au milieu, un neuvième denier symbolise l'accomplissement. Avec le neuf, nous parvenons à la fin des unités et au seuil des dizaines ; un cycle se termine tandis qu'un autre est annoncé. Cette position est sécurisante. Elle permet d'imaginer de nouveaux projets et d'envisager la future réalisation des ambitions. La sécurité matérielle favorise une vie paisible dans les domaines affectifs. La vie professionnelle ne connaît pas de problèmes importants.

* Près de l'As de bâton : prospérité et succès des entreprises. Près du Valet de bâton ou du Valet de coupe : l'avenir d'un jeune homme s'annonce particulièrement brillant. Près des coupes en général : stabilité de la vie sentimentale.

* Tirage sur les arcanes majeurs :

Sur le Bateleur (1) : démarrage d'une entreprise dans de bonnes conditions de stabilité et de sécurisation.

Sur l'Étoile (17) : réalisation ou carrière prometteuse dans le domaine des arts.

Sur la Tempérance (14) : les relations avec les autres seront placées sous le signe de la confiance motivée par la sincérité et la loyauté.

Cette carte est celle de la satisfaction paisible dans la sécurité et de la préparation de nouveaux progrès.

DIX DE DENIERS

Cet arcane présente en son centre une grosse fleur qui en sépare les parties supérieures et inférieures. Cinq deniers sont placés au-dessus et cinq autres au-dessous. C'est l'harmonie qui est présentée deux fois, symbolisant ainsi le cycle des unités qui vient de se terminer et celui des dizaines qui commence.

C'est un tournant de la vie, un tournant heureux qui verra se concrétiser des espoirs longuement mûris. Les progrès sont rapides et des transformations positives interviennent dans tous les domaines. C'est la réussite totale, la chance permanente et le dynamisme intellectuel et physique. Le désir d'évolution est très développé et peut se traduire par une activité débordante, des déplacements et des voyages.

* Près du Valet et de la Reine de coupe : voyage d'agrément pour un couple. Près de l'As d'épée : voyage motivé par des raisons professionnelles ou familiales. Près du neuf ou du dix de bâton : tournant important de la situation financière, suivi d'une grande réussite.

* Tirage sur les arcanes majeurs :

Sur la Force (11) : concrétisation et réussite tant dans le domaine sentimental que dans le domaine professionnel.

Sur la Maison-Dieu (16) : départ définitif d'une ville ou d'un pays pour un avenir meilleur.

Sur la Roue de Fortune (10) : la roue tourne favorablement et ce tournant de la vie sera particulièrement heureux.

Cette carte annonce un grand changement pouvant survenir dans l'un ou l'autre des domaines de la vie, mais un changement qui apporte une nette amélioration.

VALET DE DENIERS

Un jeune homme présente de sa main droite, à hauteur de son visage, un denier d'or. Malgré sa position de « serviteur », il est solidement campé sur ses pieds en équerre. Nous retrouvons sur sa tête le grand chapeau, bien enfoncé. À ses pieds, le sol est fécondé par un autre denier qui représente la force matérielle capable de transformer le désert en jardin et le valet en maître. Ce Valet est intelligent, réfléchi, sérieux et ambitieux. Cette ambition peut le mener à imposer capricieusement sa volonté.

* Près des épées : épreuves causées par des oppositions. Près des coupes : caractère difficile qui n'exclut pas un grand attachement au milieu familial et une vie sentimentale assez intense. Près des bâtons : l'ambition mène à une grande réussite, principalement matérielle.

* Tirage sur les arcanes majeurs :

Sur le Pape (5) : l'ambition se tourne vers sa propre personnalité et l'enrichissement intellectuel et culturel.

Cette carte favorise tous les progrès matériels. Le jeune homme représente un personnage qui est dans l'entourage proche du consultant.

CAVALIER DE DENIERS

Un jeune homme arrive sur un cheval. Son visage est empreint de réflexion. Il regarde droit devant lui. De sa main droite, il tient un denier qu'il appuie contre sa poitrine. Il est prudent dans son voyage et sa « rêverie » ne l'empêche pas d'être prêt à se défendre si nécessaire.

Ce cavalier est le porteur de nouvelles qui permettent de développer la situation matérielle ou professionnelle. Il représente un élément actif qui ne néglige pas la réflexion avant l'action.

* Près des bâtons : bonnes nouvelles sur le plan financier. Près des coupes : message concernant un ou plusieurs membres de la famille. Ce sont les cartes environnantes qui précisent la qualité de ce message. Près du huit et du neuf d'épée : annonce d'un décès.

* Tirage sur les arcanes majeurs :

Sur le Soleil (19) : invitation à un mariage.

Cette carte apporte la possibilité de réaliser des projets concernant le domaine matériel ou professionnel.

REINE DE DENIERS

Une femme vêtue d'un grand manteau est appuyée contre son trône de telle façon qu'il est difficile de savoir si elle est debout ou légèrement assise. Elle présente, au niveau du haut de son visage, un grand denier d'or. De sa main gauche, elle tient son sceptre qui symbolise son autorité et son pouvoir. Elle est coiffée d'une couronne d'or.

L'allure, le visage de la reine et les symboles qui l'entourent font ressortir l'importance des biens matériels et l'absence de vie affective. Son regard fixe laisse apparaître le calcul et la ruse au service de l'intelligence.

* Près de la Reine de coupe ou de la Reine de bâton : méfiance indispensable envers une femme qui peut être de la famille ou en relation avec quelqu'un de la famille. Près du huit d'épée : problème de santé pour une femme. Ces problèmes préoccupent beaucoup son entourage. Près des bâtons : une femme risque de causer des préjudices financiers et la vigilance s'impose.

* Tirage sur les arcanes majeurs :

Sur le Squelette (13) : une femme sera responsable d'un grand changement ou d'une rupture dans la vie matérielle ou sentimentale du consultant ou de la consultante.

Cette carte représente une femme qui entre dans la vie du consultant et qui lui cause des ennuis et des perturbations.

ROI DE DENIERS

Un homme d'âge mûr dont le visage est orné d'une barbe est assis sur son trône. Il est coiffé seulement d'un grand chapeau à larges bords qui représente ! l'infini. Ses habits sont somptueux. Ses jambes croisées peuvent indiquer une certaine désinvolture ou une tension nerveuse. De sa main droite, il tient devant lui un denier d'or symbole de son intérêt pour les biens matériels. À noter, l'absence du sceptre.

Il présente certaines similitudes avec la Reine de deniers en ce qui concerne son caractère. Il n'est pas facile à vivre et son égoïsme crée des difficultés avec son entourage. Dans certains cas, il indique un homme qui a porté ou qui porte un uniforme.

* Près de la Reine de deniers : couple vivant dans un climat de mésentente et d'incompréhension, sans aucune harmonie. Près du Valet de bâton ou du Valet de coupe : départ à l'armée pour un jeune homme. Près du Roi de bâton ou du Roi d'épée : méfiance indispensable envers un homme susceptible d'être la cause de fortes contrariétés.

* Tirage sur les arcanes majeurs :

Sur la Lune (18) : des actes néfastes se préparent sournoisement. La vigilance ne doit pas être prise en défaut.

Cette carte représente une personne de l'entourage du consultant ou quelqu'un qui va apparaître dans cet entourage. Sa présence n'est jamais positive. Elle peut représenter aussi une personne qui porte ou a porté un uniforme.

QUELQUES RENCONTRES SIGNIFICATIVES

Avant d'aborder les différentes façons d'interroger le Tarot, il est utile d'examiner quelques rencontres de cartes qui ont une signification intéressante. Il s'agit toujours des arcanes mineurs.

* QUATRE ROIS : annonce d'associations difficiles à maintenir et qui vont connaître des difficultés pouvant aller jusqu'à des ruptures.

* QUATRE REINES : des commérages vont être la cause de déceptions.

* TROIS REINES : des personnes jalouses vous entourent et vont tenter de vous nuire.

* QUATRE VALETS : les relations amicales trop envahissantes d'un jeune garçon risquent de l'entraîner vers des difficultés et des problèmes.

* QUATRE AS : stabilité présente ou à venir. Réussite certaine tant matérielle que sentimentale.

* QUATRE SEPT : annonce de la naissance d'un enfant.

* TROIS SEPT : s'ils se trouvent accompagnés du huit d'épée, ils annoncent des difficultés qui surviendront dans la réalisation du désir d'avoir un enfant.

* NOMBREUX PERSONNAGES : si un grand nombre de personnages des arcanes mineurs apparaît lors d'un tirage, il annonce soit une réunion familiale, soit une invitation ou encore la présence de beaucoup d'amis et de beaucoup de relations dans la vie du consultant ou de la consultante.

LES TIRAGES

Il existe de nombreuses façons d'interroger le Tarot. Ces différentes façons sont des « tirages ».

Chacun ressent quelle est la méthode qui lui convient le mieux.

Nous allons nous familiariser avec les tirages les plus courants, ceux qui sont pratiqués le plus fréquemment par les professionnels des arts divinatoires.

Quelques exemples nous permettront d'illustrer les prédictions qui découlent des cartes tirées, de la place qu'elles occupent et des cartes qui les accompagnent.

Les préoccupations du consultant et ses interrogations imposent de rapporter les réponses à donner à des situations ou à des faits limités. Cependant, des tirages successifs permettent d'étudier en détail des éléments variés tels que : la personnalité du consultant, son passé, sa situation présente, son avenir proche et plus lointain. Tous les domaines peuvent être étudiés : santé, sentiments, famille, affaires, profession, intérêts matériels, etc.

Les significations à donner à chaque arcane peuvent proposer plusieurs réponses. C'est là que la personnalité de celui qui « tire » les cartes, sa connaissance profonde de chaque arcane et surtout son intuition jouent un rôle très important.

TIRAGE EN CROIX

➢ Réponse à une question précise :

Les cartes des 22 arcanes majeurs sont battues et étalées devant le consultant. Celui-ci se concentre et pense fortement à la question qu'il pose et qu'il exprime. Il tire du jeu quatre cartes l'une après l'autre. La première sera placée à la gauche du voyant. La deuxième à sa droite. La troisième en haut et la quatrième en bas.

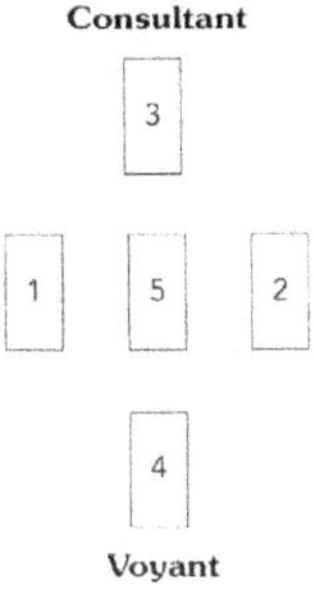

* La carte UN indique ce qui est possible. L'affirmation.

* La carte DEUX indique ce qui n'est pas possible et qui doit être surmonté. La négation.

* La carte TROIS indique le but à atteindre et les possibilités.

* La carte QUATRE donne la solution.

Après avoir examiné ces quatre arcanes, nous procédons à la synthèse. Pour cela, nous additionnons les nombres inscrits sur chaque arcane (par exemple : 10 + 21 + 7+15 = 53). Nous réduisons le résultat (5 + 3 = 8) et nous plaçons au milieu l'arcane correspondant.

Cet arcane de synthèse (ou carte CINQ) complète et appuie la réponse qui a été donnée.

À titre d'exemple, nous allons procéder à un tirage.

➢ **Question posée :**

Ma situation professionnelle va-t-elle évoluer ? Supposons que le tirage donne le résultat suivant :

Carte UN : LA FORCE (11). Il existe une possibilité de succès dans le travail, ce qui permet d'envisager l'évolution positive de la situation professionnelle.

* Carte DEUX : LA TEMPÉRANCE (14). Cet arcane placé sur le négatif est signe de désaccords et de mauvais contacts avec les autres pour des questions d'intérêts. Cette difficulté sera donc à surmonter.

* Carte TROIS : LE PENDU (12). Le buta atteindre est lié aux événements du passé qui créent un blocage et une impossibilité d'obtenir dans l'immédiat l'évolution souhaitée.

* Carte QUATRE : LE CHARIOT (7). Cette carte annonce une forte possibilité d'atteindre le but espéré, mais un changement de lieu sera probablement nécessaire.

* Synthèse ou carte CINQ : LA JUSTICE (8). Cette carte n'a pas été tirée, mais obtenue par l'addition des nombres des quatre cartes : 11 + 14+12 + 7 = 44 soit 4 + 4 = 8. Justice et équité feront reconnaître les mérites professionnels du consultant

dont la situation pourra évoluer favorablement après la période de malentendus et de blocage.

➢ **Consultation par le tirage en croix**

La consultation consiste à examiner en général l'avenir du consultant qui n'a pas à poser de question précise mais qui doit se concentrer en se posant à lui-même la question : « Que va-t-il se passer dans mon avenir ? »

Les cartes des 22 arcanes majeurs sont battues et coupées, puis étalées devant le consultant qui tire quatre cartes l'une après l'autre. Ces quatre cartes sont disposées comme précédemment.

Une première analyse va être faite en fonction des cartes sorties et de leur emplacement, selon les mêmes critères que lors du tirage précédent.

La synthèse sera faite également avec une cinquième carte trouvée par l'addition des nombres des quatre cartes.

Après une première étude des arcanes majeurs, ceux-ci seront recouverts par des arcanes mineurs afin d'aller plus loin dans l'interprétation. Pour cela, il convient de prendre les 56 cartes des arcanes mineurs, de les battre, de les faire couper et de les étaler devant le consultant. Celui-ci va tirer tout d'abord cinq cartes qu'il placera, sans les retourner, sur les arcanes majeurs dans le même ordre (1, 2, 5, 4 et 5). Il renouvellera ce tirage trois fois et aura ainsi sorti et placé quinze arcanes mineurs sur les arcanes majeurs. Après étude, selon les indications données précédemment, il peut éventuellement renouveler ce tirage de quinze cartes pour obtenir des réponses complémentaires.

TIRAGE À TREIZE CARTES

Nous prenons les 78 cartes, arcanes majeurs et arcanes mineurs mélangés.

Après avoir battu les cartes et les avoir fait couper par le consultant, nous les étalons devant celui-ci qui en tirera treize l'une après l'autre. Ces cartes seront disposées par le consultant de gauche à droite, sans les retourner, devant le voyant, en forme de demi-cercle.

Le consultant retournera une première carte. À partir de cette carte, qui compte pour être la première, le voyant compte cinq cartes et retourne la cinquième. Il continue ainsi jusqu'à ce que toutes les cartes soient retournées.

L'interprétation se fait au fur et à mesure du retournement des cartes. Lorsque toutes les cartes sont retournées, il est tenu compte pour chaque carte de celles qui sont à côté et de toutes les cartes tirées.

L'interprétation du tirage à treize cartes se fait donc en trois parties qu'il est bon de préciser :

1) Interprétation de chaque carte retournée en comptant chaque fois cinq à partir de celle qu'a retournée le consultant.

2) Interprétation de chaque carte en tenant compte de celle qui est à sa gauche et de celle qui est à sa droite.

3) Interprétation générale de l'ensemble des treize cartes qui ont toujours un lien entre elles. Par exemple, si les quatre Rois sont parmi les treize cartes, même s'ils ne sont pas à côté les uns des autres, il convient de tenir compte de la signification de leur sortie dans cette interprétation générale.

Éventuellement, pour obtenir des réponses plus approfondies, le voyant peut demander au consultant de recouvrir les cartes les plus significatives. Cette opération peut être renouvelée trois fois.

TIRAGE EN ROUE ASTROLOGIQUE

Deux méthodes peuvent être utilisées :

➢ **Arcanes majeurs et arcanes mineurs séparés :**

Les arcanes majeurs et les arcanes mineurs sont séparés. Après avoir battu et coupé les 22 cartes, elles sont étalées devant le consultant qui en tire douze, l'une après l'autre.

Le voyant dispose ces douze arcanes en forme de roue, en plaçant la première carte à sa gauche. Ensuite, en descendant, il dispose la deuxième et la troisième carte de façon que la quatrième soit placée en bas. Les cartes cinq et six sont placées en remontant vers la droite, ce qui fait placer la septième à la droite du voyant. En remontant, mais cette fois vers la gauche, il place les cartes huit et neuf, et la carte dix se trouve en haut. Il redescend alors vers la première carte pour placer la onzième et la douzième.

Consultant

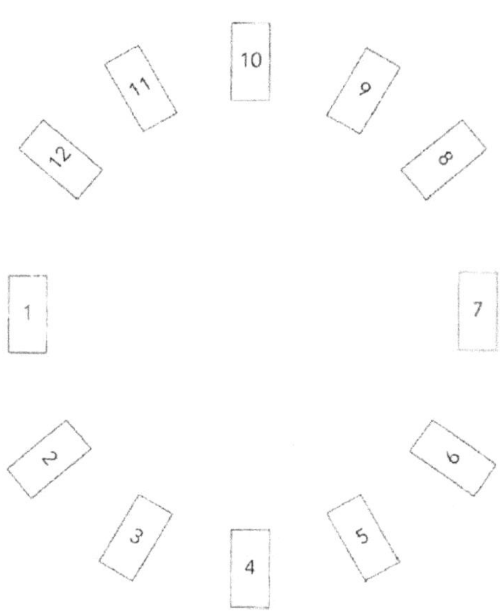

Voyant

Comme en astrologie, chaque carte est appelée «Maison» car elle représente une maison astrologique. Les maisons astrologiques sont au nombre de douze. Selon les auteurs, les correspondances entre ces maisons et les arcanes majeurs du Tarot sont divergentes et parfois opposées.

Dans ce tirage, nous donnerons à chacune de ces douze maisons les significations suivantes :

* MAISON I : la carte placée en Maison I représente le consultant lui-même avec ses préoccupations, ses désirs et ses moyens de les satisfaire.

* MAISON II : la situation matérielle et financière. Les transactions.

* MAISON III : toute la famille et les relations amicales. Les visites et les déplacements.

* MAISON IV : le foyer. Les biens familiaux. Limage du père.

* MAISON V : la vie sentimentale et ses aboutissements. La créativité.

* MAISON VI : le travail, la vie professionnelle. La santé et son évolution.

* MAISON VII : l'environnement du consultant dans sa vie sociale. Les relations proches et les associations. L'union ou le mariage. Le conjoint du consultant.

* MAISON VIII : les tournants de la vie, les transformations, les changements. La vie sexuelle.

* MAISON IX : l'évolution de la vie spirituelle. Les recherches et les études. Les déplacements et les voyages.

* MAISON X : les désirs matériels et les ambitions. L'image de la mère.

* MAISON XI : les projets et les réalisations attendues. Les aides par les relations.

* MAISON XII : les difficultés et les épreuves. Le combat pour la réussite. Les situations bloquées pour des raisons inconnues ou mal connues.

Après avoir analysé ce tirage composé exclusivement d'arcanes majeurs, il sera possible de recouvrir ces cartes en effectuant un nouveau tirage, mais cette fois seulement avec les arcanes mineurs. Une nouvelle étude sera faite sur ce deuxième tirage et sur les correspondances.

Pour obtenir des éclaircissements, l'arcane majeur peut être recouvert trois fois.

➢ **Arcanes majeurs et mineurs ensemble :**

Toutes les cartes sont mélangées, battues et coupées. Les douze cartes sont tirées et disposées comme précédemment. L'arcane majeur qui se trouve éventuellement dans une maison renforce et donne plus d'importance à la signification des arcanes mineurs.

La première carte tirée pour chaque Maison peut être recouverte trois fois.

TIRAGE EN LIGNE A SEPT CARTES

Ce tirage s'effectue en laissant ensemble les arcanes majeurs et les arcanes mineurs.

Les cartes des 78 arcanes sont battues et coupées puis étalées devant le consultant. Celui-ci tire une première carte qu'il place au centre sans la retourner. Il tire ensuite, une à une, trois cartes qu'il étalera à gauche de la première, puis trois cartes qu'il étalera à droite de la première. Il ne retourne pas ces cartes.

Consultant

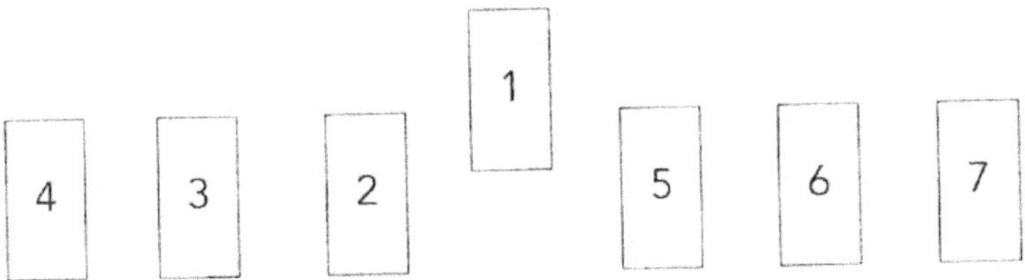

Voyant

La carte centrale est la plus importante. Elle représente les événements qui atteignent directement le consultant. Les trois cartes de gauche indiquent les tendances favorables, tandis que les trois cartes de droite indiquent les situations qu'il faudra surmonter.

Après une première étude, ces sept cartes seront recouvertes par trois tirages successifs. Chaque tirage fera l'objet d'une étude particulière suivie d'une analyse en fonction des autres cartes recouvertes et des cartes voisines.

TIRAGE SUR LE PRÉNOM DU CONSULTANT

Ce tirage s'effectue en laissant ensemble les 78 cartes des arcanes majeurs et des arcanes mineurs.

Les cartes sont mélangées et coupées par le consultant qui tirera autant de cartes qu'il y a de lettres dans son prénom. Seul le prénom officiel est à considérer, sans tenir compte d'un éventuel prénom usuel ou de diminutifs.

Les cartes sont disposées en ligne, de gauche à droite, par le voyant, sans les retourner. Cette opération sera répétée sur quatre lignes. Pour un prénom de 16 lettres, par exemple, on aura :

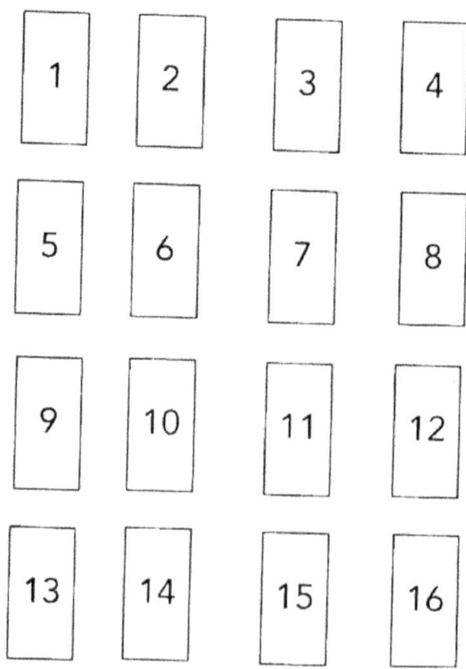

L'étude et l'interprétation se feront sur l'ensemble des cartes et de gauche à droite, après que le consultant aura désigné lui-même la première carte à retourner. De cette première carte, il sera compté chaque fois cinq cartes pour retourner la carte suivante. Au fur et à mesure du retournement de chaque carte, l'interprétation se fera en tenant compte des significations des cartes déjà retournées. Lorsque toutes les cartes seront retournées, une analyse générale interviendra en conclusion.

Ce tirage est très intéressant car il est personnalisé. Il est utilisé pour examiner l'avenir en général du consultant, lorsque celui-ci est préoccupé principalement par un domaine précis tel que les sentiments, la famille, la santé, les intérêts, la profession, etc. Il peut intervenir lorsque ce domaine aura été étudié auparavant par l'utilisation d'une autre méthode.

AUTRES TIRAGES

Les tirages que nous venons d'étudier sont les plus utilisés par les voyants. Ils permettent toutes les études et l'analyse complète de toutes les situations qui peuvent se présenter.

Il existe de très nombreuses autres méthodes qui ont chacune leurs qualités. Nous en citerons quelques-unes sans les approfondir, car l'examen détaillé de toutes les façons de tirer le Tarot exigerait la rédaction de plusieurs volumes.

➢ **Le tirage en carré :**

Le consultant tire neuf cartes parmi les 22 arcanes majeurs. Ces cartes sont disposées ainsi :

Première, deuxième et troisième, sur une ligne de gauche à droite. Quatrième, cinquième et sixième, sur une autre ligne au-dessous. Septième, huitième et neuvième, sur une troisième ligne.

On obtient ainsi un carré composé horizontalement de trois cartes et verticalement de trois cartes.

L'interprétation se fait en considérant que la première ligne correspond au passé, la deuxième au présent et la troisième à l'avenir pour lequel elle propose des solutions.

➢ **Le tirage en fer à cheval :**

Il est utilisé pour répondre à une question précise. Sept cartes sont tirées par le consultant et disposées devant le voyant. En haut la carte 1, au-dessous et un peu à gauche la 2, au-dessous et alignée avec la 1, la 3, au-dessous et un peu à droite, donc au milieu, la quatre. En remontant symétriquement sont disposées la 5, la 6 et la 7.

Traditionnellement, la 1 est la représentation du consultant. La 2 désigne le présent et la 3, l'avenir. La 4 et la 5 prodiguent des conseils. La 6 indique les difficultés à affronter. La 7 donne la réponse.

Pour ce tirage, seuls les arcanes majeurs sont utilisés. Éventuellement, ces sept cartes peuvent être ensuite recouvertes par sept arcanes mineurs.

➢ **Petit tirage :**

Trois cartes sont utilisées. Elles sont tirées par le consultant parmi les 22 arcanes majeurs. La première carte représente le consultant. La deuxième carte indique les problèmes et peut représenter la personne avec laquelle il existe des difficultés. La troisième carte est celle de l'avenir et des solutions à adopter.

Pour approfondir l'interprétation, il sera possible de recouvrir ces trois cartes par trois arcanes mineurs une fois, deux fois ou trois fois.

➢ **Tirage des deux triangles :**

Sept cartes sont utilisées. Il s'agit d'arcanes majeurs qui seront ensuite recouverts par des arcanes mineurs.

La première carte est placée au centre. Elle représente le consultant. Les trois cartes qui seront tirées ensuite seront placées en forme de triangle dont la pointe est en haut. Une carte sera au-dessus de la première et les deux autres de part et d'autre, mais un peu au-dessous de la première carte.

Une autre série de trois cartes est tirée pour être disposée également en triangle, mais cette fois avec la pointe en bas. Donc la cinquième carte tirée sera placée au-dessous de la première et les deux autres de part et d'autre, mais un peu au-dessous de celle qui représente le consultant.

Les trois cartes composant le triangle dont la pointe est en haut sont les cartes favorables. Les trois autres, qui forment un triangle dont la pointe est en bas, sont défavorables.

➢ **Les cartes renversées :**

Une méthode consiste à tenir compte du sens de la carte lorsque le consultant la tire. Les tirages se font comme indiqué, mais toutes les cartes renversées prennent une signification qui correspond au contraire de leur signification normale.

Nous arrêtons là cette énumération qui deviendrait vite fastidieuse sans apporter des éléments utiles ou complémentaires pour le tirage du Tarot.

VOYANCE. INTERPRÉTATION ET PRÉDICTIONS

Nous venons de nous pencher sur toute la richesse du Tarot, ce merveilleux livre de la Vie qui contient, image par image, tout ce qui peut intervenir dans la vie d'un homme, d'une femme ou d'un enfant.

Nous sommes les héritiers d'un savoir et d'une connaissance qui nous sont parvenus depuis un très lointain passé et que nous devons redécouvrir et utiliser avec beaucoup de respect.

Qu'importe l'origine historique réelle de ce trésor ! Nous ne pouvons que formuler des hypothèses basées sur des indices parfois incertains. Gardons-nous de nous fabriquer des vérités en partant de ces hypothèses.

La vérité absolue nous dépasse et les arcanes du Tarot nous enseignent que ce n'est que par un long chemin initiatique que nous nous en approcherons pas à pas. Ces arcanes, nous les avons découverts un à un. Nous avons constaté toute la complexité de leurs significations. Nous ne pouvons plus accepter de considérer qu'une carte du Tarot n'a qu'un sens, un sens précis que nous pourrions répéter mécaniquement comme une leçon bien apprise. Chaque arcane, au contraire, nous propose avec une certaine ambivalence plusieurs significations possibles et parfois leur contraire. Chaque arcane entrouvre une porte, soulève un coin du voile du mystère, et c'est à nous de comprendre, de ressentir et d'interpréter selon la situation pour laquelle nous interrogeons le Tarot.

Il est possible de méditer longuement devant chacun des 22 arcanes majeurs. Les indications que nous avons données sont forcément incomplètes, car chaque arcane nécessiterait un livre complet pour tenter de percer seulement une partie de ses mystères. Méditer est un exercice qu'il est bon de pratiquer. En partant des éléments qui accompagnent chacun de ces arcanes, pensez profondément à tous les détails de l'image. Chaque fois, vous découvrirez de nouvelles indications qui viendront compléter utilement votre savoir. Aucun détail n'est à négliger. Les personnages, leur visage, leur attitude, leurs vêtements et tout ce qui les accompagne ont de profondes significations. Aux éléments les plus apparents viennent s'ajouter d'autres « détails » plus subtils tel le langage des nombres. La numérotation des arcanes n'est pas un simple classement utilitaire ; c'est un véritable langage qui nous plonge dans de réelles sciences qui ont pour nom la numérologie et l'arithmomancie. Les sujets de méditation sont nombreux, mais parmi eux citons le symbolisme des couleurs.

Les arcanes sont tous de couleur vive. Nous y trouvons le bleu, le rouge, le jaune et l'ocre qui rappelle la couleur de la chair. Lorsque, par exemple, la tour de la Maison-Dieu nous est présentée de couleur ocre, nous pouvons en déduire qu'elle ne représente pas un bâtiment mais un personnage. Le bleu est la couleur de la nuit ; elle est lunaire et désigne quelque chose de secret, de féminin. C'est la couleur du manteau de l'Ermite et du manteau de la Papesse. Le rouge désigne ce qui est masculin, il est aussi le symbole de la force psychique. C'est le manteau du Pape. Le jaune est la couleur du soleil mais aussi celle de la terre, de l'or et de la lumière intellectuelle.

Ce ne sont là que quelques exemples. Le chemin initiatique sur lequel le Tarot nous invite à nous engager est une véritable voie d'évolution vers la sagesse. L'ambivalence y est toujours présente sans qu'il s'agisse de manichéisme. Nous avons à choisir : la voie active ou la voie passive, la voie solaire ou la voie lunaire, la découverte du monde extérieur ou la découverte du monde intérieur. Pour établir notre choix et nous engager sur ce chemin initiatique, le Tarot nous offre sa science inépuisable : ses sources astrologiques, kabbalistiques, alchimiques, maçonniques... et bien d'autres encore.

Le symbolisme du Tarot constitue la possibilité de découvrir et de nous enrichir sans cesse. Il contient tout. En l'étudiant de plus en plus profondément, nous arrivons à ne plus mettre au premier plan ses qualités divinatoires qui souvent sont celles qui nous ont amenés à nous intéresser à lui.

➢ **Voyance :**

Le Tarot est l'élément essentiel des Arts divinatoires qui sont souvent rassemblés sous l'appellation de Sciences occultes ou encore de Voyance.

Il est bon de répéter que « la divination » est un art qui met en évidence le parallèle qui existe entre l'inspiration de l'artiste créateur (peintre, musicien, poète) et l'intuition ou la médiumnité de celui qui est qualifié de voyant.

Il serait grand temps de réhabiliter l'expression « Sciences occultes » qui pour beaucoup a pris le sens de « mystères malsains ». Parce que ces sciences de ce qui est caché ou occulté ont été dénigrées et pourchassées pendant des siècles d'obscurantisme et de matérialisme, le mot « occulte » a été souvent interprété comme étant un synonyme de magie, de sorcellerie ou de spiritisme.

Enfin, la voyance est le fait de voir différemment. Lorsque vous regardez le papier peint du mur de votre logement en pensant à autre chose, vous vous apercevez soudainement que vous ne voyez plus les fleurs, les ramages ou les formes abstraites habituelles, mais que vous découvrez un visage, un animal ou toute autre chose. C'est là une forme de voyance.

Lorsque vous vous penchez sur un arcane du Tarot, ce n'est plus une petite image naïve que vous regardez, mais tout un monde d'inspiration où vous « voyez » une foule de symboles qui font voyager votre esprit loin, très loin, sans altérer votre lucidité, mais au contraire en la développant ; vous devenez vraiment extra-lucide.

➢ **Interprétation :**

Voir dans les cartes du Tarot les significations des symboles de chaque arcane nécessite une mise en condition du « voyant ». Il est évident que celui qui a trop mangé ou trop bu ou qui a le cerveau et les sens embués par une tabagie excessive ne peut obtenir que des résultats très limités. Attention donc aux abus !

Pour « se mettre en condition favorable », certains voyants ont besoin d'un décorum fait de lumières, de tentures et de bien d'autres éléments de « mise en scène ». Si ce folklore peut les aider... pourquoi pas ? D'autres pratiquent un rituel basé sur des connaissances du symbolisme et d'autres encore disent une prière. C'est à chacun de ressentir ce qui lui convient sans se laisser entraîner vers des pratiques inutiles, grotesques ou même négatives. Un lieu agréable dans lequel on « se sent bien », une petite prière dite avec sincérité ne peuvent que favoriser les qualités d'un voyant.

Le voyant doit savoir se débarrasser, du moins momentanément, de ses propres problèmes avant de commencer une consultation. Il peut être regrettable, ou même dangereux, de prendre le risque de projeter ses problèmes et ses fantasmes dans l'interprétation des symboles qui se ferait alors en fonction de soi-même et non du consultant. Chacun doit s'adapter à un rythme qui lui est propre. La durée d'une consultation importe peu, c'est l'interprétation la plus fine des symboles qui la détermine. De même, certains ressentiront une sorte de lassitude après avoir reçu un petit nombre de personnes. D'autres, au contraire, sentiront se développer en eux des qualités accrues et un réel plaisir au fur et à mesure de leurs interrogations du Tarot pour des consultants successifs.

Nous pouvons comparer leur « énergie » à celle de ces poètes ou de ces peintres qui passent allègrement leur nuit à travailler sans se rendre compte du déroulement des heures et sans éprouver la moindre fatigue. Leur force, leur inspiration, d'où vient-elle ? La puisent-ils en eux-mêmes ou la reçoivent-ils d'ailleurs ? Ce qui est évident, c'est qu'ils ne doivent pas la rechercher par des moyens artificiels tels que l'alcool ou la drogue. Que d'exemples d'autodestruction provoquée par ceux qui ont voulu « forcer leur talent », leur inspiration ou leur médiumnité !

Lorsque les cartes ont été retournées, le voyant examine les arcanes qui apparaissent. Il les connaît bien et, sans avoir à se concentrer pour réfléchir, il peut spontanément exprimer une interprétation. Il le fera la plupart du temps en lui-même, afin de ne pas courir le risque de troubler son consultant puisque cette première interprétation peut être contredite par une autre carte. Il est préférable d'avoir réuni une série d'éléments pour commencer à parler. On s'aperçoit alors que les paroles prononcées correspondent à des interprétations raisonnées, mais qu'il s'y ajoute des phrases qui jaillissent spontanément, intuitives ou inspirées, qui ne passent pas par la réflexion et le raisonnement.

Connaissance et intuition sont les deux qualités indispensables et complémentaires d'un voyant. La connaissance comprend un savoir qui englobe le symbolisme, l'ésotérisme, le vécu, etc. ainsi que l'utilisation technique du support de voyance, en l'occurrence le Tarot. L'intuition vient d'ailleurs (peut-être du fond de son propre inconscient) et jaillit spontanément. Ces deux qualités doivent être maîtrisées et elles ne peuvent l'être que par une longue pratique.

Comment le Tarot peut-il révéler des informations que personne ne connaît, pas même le consultant ? C'est là tout le mystère de la voyance et de ses interprétations.

La main du consultant est guidée par son inconscient qui connaît toutes les réponses. Il est curieux de constater que deux consultations successives pour une même personne lui font tirer les mêmes cartes ou des cartes entraînant les mêmes interprétations.

Ne plaçons pas systématiquement dans ces révélations mystérieuses l'intervention de Dieu ou des forces diaboliques. Sans nier ces puissances, laissons-les à leur place et ne les mêlons pas sans cesse à notre quotidien.

Des théories scientifiques récentes et notamment les travaux du physicien français Jean Charon tendent à mettre en évidence la connaissance totale qui est en nous. Les alchimistes du Moyen Âge l'avaient pressenti, des physiciens de la fin du XXe siècle le confirment. D'après ces découvertes récentes, les électrons qui participent à la constitution de l'être humain existent depuis la création de l'Univers. Ils ont participé et participeront à de multiples vies humaines, animales ou végétales. Ces électrons sont faits de matière et d'esprit et conservent la mémoire de tout ce qu'ils ont « vécu ». Ils ont donc toute la mémoire du passé. Mais s'il est exact, toujours selon la science de notre époque, que le temps n'est pas linéaire, passé, présent et avenir se confondent. Nos électrons, comme ceux de notre consultant, possèdent la mémoire du passé, du présent et de l'avenir. Comment ces informations enfouies en nous très au-delà de notre conscient nous sont-elles révélées ? La réponse ne nous a pas été donnée. Contentons-nous modestement de profiter de ce qui nous est offert. Le réservoir est vaste ; si réservoir il y a.

Nous avons en nous un nombre incalculable de ces électrons « magiques ». Il faut savoir qu'il y a dans un centimètre cube d'air, malgré sa limpidité, autant d'électrons que ce qu'il y a d'étoiles dans tout l'univers.

Le tirage des arcanes des Tarots nous donne toutes les réponses que nous souhaitons. Mais ces réponses sont exprimées par les valeurs éternelles du symbolisme et par l'éveil de nos qualités intuitives ou médiumniques.

À nous de nous placer en état de réceptivité et de réunir les qualités indispensables pour traduire correctement les informations révélées.

L'interprétation d'une voyance est la charnière entre cette voyance et la prédiction qu'attend le consultant. Gardons-nous bien de prendre le risque d'avoir vu juste mais d'interpréter faux !

➢ **Prédictions :**

Lorsque les cartes du Tarot ont été tirées et retournées, trois phases successives de la consultation se déclenchent.

Nous venons de commenter les deux premières qui sont tout d'abord la voyance et puis l'interprétation.

Mais le consultant est impatient, il est venu vous trouver parce qu'il a besoin de connaître quels seront les événements qui vont se présenter à lui.

Pour le voyant, c'est la phase la plus délicate, c'est là que sa responsabilité peut être déterminante pour les décisions que devra prendre la personne qu'il a en face de lui.

Bien sûr, l'éternelle opposition entre le déterminisme et le libre arbitre est toujours présente. Est-ce que le futur est totalement écrit ? Allons-nous vers des événements dont la réalisation est inéluctable ? L'expérience permet de penser que les deux idées sont complémentaires. Il existe en chacun de nous des tendances, un chemin de vie, qu'on peut aussi appeler « karma ». Mais le libre arbitre a sa place et le fait d'être « averti » doit permettre d'atténuer les conséquences fâcheuses comme de mieux profiter des possibilités heureuses. Une tendance ou un karma peuvent et doivent être dépassés. Il existe des fatalités, mais pour elles aussi la façon de les vivre a une importance essentielle.

L'un des rôles est de prédire les événements à venir en donnant au consultant les meilleures armes pour les affronter. Ces indications, ces conseils, ces armes sont inscrits dans les arcanes du Tarot. C'est au « voyant » de les « voir », de les interpréter correctement et de les communiquer au consultant de telle façon qu'il puisse en tirer le meilleur profit.

La consultation de voyance n'est pas un exercice de psychologie. Cependant, lorsqu'il a « vu » et « interprété », lorsqu'il en arrive aux prédictions, le voyant doit dans de nombreux cas posséder des qualités lui permettant de s'exprimer avec beaucoup de psychologie.

Tout d'abord, la plus élémentaire modestie ordonne de ne pas affirmer brutalement qu'un événement tragique va se produire dans la vie du consultant ou d'un membre de sa famille. Souvenons-nous, une erreur d'interprétation est toujours possible. Combien d'« apprentis voyants » ont affirmé sans ménagement qu'un décès allait survenir, alors que l'arcane 13 (le Squelette) annonçait une renaissance. La psychologie du voyant est comparable à celle du médecin. De plus, les cartes tirées par le consultant fournissent de précieuses indications sur son caractère. Devant un malade en danger de mort, un médecin, sûr de son diagnostic, tiendra compte de l'état d'esprit de son patient. Parfois, il lui annoncera le danger qu'il court, sachant que la combativité et le désir de vivre du malade vont le dynamiser pour réagir favorablement et inciter son organisme à lutter contre la maladie. Dans le cas contraire, en présence d'un pessimiste, il évitera de provoquer un choc psychique qui risquerait d'entraîner un découragement et un désespoir pouvant avoir des conséquences fatales. Le consultant ne doit pas être trompé, mais il faut savoir ce qui doit ou ce qui peut être dit et comment le dire.

Bien sûr, pour atteindre cette qualité dans la conclusion de la consultation, il faut que le voyant soit bien équilibré, qu'il aime sincèrement ceux qui s'adressent à lui pour désirer fortement leur apporter son aide. Son vécu et son expérience doivent lui permettre de trouver des solutions satisfaisantes. Ces solutions, ces conseils, il devra les exprimer de la façon la plus convaincante pour que le consultant en retire le meilleur profit.

Il est certain que les arcanes du Tarot que le consultant a tirés, suite à la question ou aux questions posées, contiennent tous les éléments de réponse et encore plus que cela. L'interprétation conduit à des déductions qui sont autant de prédictions. Mais, inconsciemment, ces mêmes interprétations poussent le voyant à exprimer d'autres prédictions qui lui paraissent intuitives. C'est comme une chaîne sans fin dont les maillons entraînent une immense roue, la Rota, la Roue du Destin.

CONCLUSION

➢ POUR LA PARTIE « DIVINATOIRE » DES TAROTS

Le but de cet ouvrage est essentiellement de faire aimer le Tarot en mettant en évidence la richesse qu'il contient. Cette richesse est « à la portée de tous ».

Pour aimer, il faut connaître. Le monde infini des Tarots doit être découvert petit à petit. Nous avons entrepris de vous proposer cette découverte des Tarots par leurs qualités divinatoires qui ne sont qu'une mince partie de tout ce qu'ils représentent.

La divination par les arcanes du Tarot peut être entreprise par ceux qui ne sont aucunement initiés. L'explication de chacune des 78 cartes a été formulée pour permettre une utilisation pratique et facile de ce grand livre qui contient toutes les réponses aux questions qui peuvent lui être posées.

Nous avons exposé les significations des symboles de chaque arcane, qu'il s'agisse des 22 arcanes majeurs ou des 56 arcanes mineurs. Mais ces explications seraient insuffisantes si nous ne tenions pas compte des influences des arcanes les uns par rapport aux autres. Ces éléments complémentaires vous permettront de vous familiariser rapidement avec la manipulation de ces cartes dans les différents tirages que nous décrivons en détail.

Les personnes qui pratiquent le tirage des Tarots pourront compléter ou approfondir leurs connaissances en faisant de ce livre un point de départ vers une meilleure utilisation de cet exceptionnel instrument divinatoire. Les débutants possèdent un véritable manuel de base pour découvrir un monde nouveau qui les passionnera, qui leur sera utile et dont les mystères les entraîneront vers une meilleure connaissance d'eux-mêmes et des autres.

Ce cheminement est réellement « à la portée de tous ». Mais, parmi ceux qui découvriront ainsi la richesse divinatoire des Tarots, certains souhaiteront approfondir

cette connaissance. Pour eux, nous avons ajouté une partie à ce livre sous le titre :

« Les Tarots pour le développement personnel ».

C'est la qualité spécifique des Tarots par rapport aux autres supports divinatoires. C'est l'essence même de ces 22 chemins initiatiques qui sont également « à la portée de tous ». Ils placent celui qui les parcourt, en intégrant « sa substantifique moelle », dans le monde ésotérique où sont révélés les mystères de l'univers et les mystères de la nature humaine.

Nous vous proposons la première clé pour aborder cette « connaissance de soi-même ». Les nombres que contient notre date de naissance sont les révélateurs de notre destinée et confirment la nécessité de bien se connaître pour entreprendre une évolution bénéfique vers un parfait épanouissement.

LES 22 RAYONS DE LA DIVINE LUMIÈRE OU

La numérologie des Tarots

Les 22 lames du Tarot correspondent chacune à un chemin initiatique dont les méandres nous sont révélés par les symboles qui s'harmonisent jusque dans leurs moindres détails. De 1 à 22, toutes les situations qu'un être humain peut rencontrer sont évoquées et approfondies. L'évolution de ces situations, les tendances, les possibilités et les obstacles sont éclairés, illuminés par ces 22 rayons dont la source inaccessible se situe dans un « inconnu » à la fois lointain et très proche.

Source des inspirations, source des intuitions et de la médiumnité, souffle divin qui nous « souffle » au plus profond de notre inconscient le bon cheminement de l'interprétation et de la divination. « Divination », ce mot dont les premières syllabes nous répètent « divin ».

Les symboles vibrent en nous, autour de nous et sur chacune des lames du Tarot. Mais le nombre qui reflète chacune des lames vibre de l'ensemble de ses vibrations. Il est à la fois total, harmonie et synthèse.

Qu'un nombre surgisse et c'est la lame tout entière qui vibre merveilleusement de tous ses symboles. Et ces vibrations viennent de loin... de très loin... Elles s'épanouissent dans ces 22 rayons qui diffusent leurs énergies et nous atteignent pleinement dans notre mental, dans notre esprit et dans notre âme.

Vingt-deux, un nombre que l'humanité vénère de multiples façons. Il est considéré comme étant « la manifestation de l'être dans la diversité et dans l'histoire » ; dans l'espace comme dans le temps. Dès l'Antiquité, il annonce cette quatrième dimension, dont les hommes de notre siècle ont fait « la découverte » ; mais il annonce aussi les mystères d'autres dimensions. Mystères du temps écoulé, conclusion de la création et porte ouverte sur des mondes inconnus, le 22 est la somme des lettres de l'alphabet hébraïque.

Dans cet alphabet, chaque lettre constitue une force puissante qui existe matériellement, crée une communication vibratoire avec toute la création et diffuse ses vibrations vers l'immatériel, dans les niveaux les plus subtils des êtres et des choses.

Les 22 lettres hébraïques ont un rapport direct avec la divinité par son nombre, le 7, qui symbolise « la totalité de l'espace et la totalité du temps ».

Curieusement, si nous divisons par 7 le nombre 22 nous obtenons 3,1 4, le nombre transcendant qui établit le rapport de « la sphère de l'espace » au diamètre du « cercle de la spiritualité ».

La Kabbale est réellement la Roue des Lettres, ou encore la Rota. Et nous savons que la Rota, c'est aussi le TAROT.

La vingt-deuxième et dernière lettre de l'alphabet hébraïque est le TAU. Ce signe est celui de la perfection qui couronne les efforts. C'est la réussite dans l'apothéose. La lettre TAU est une totalité, celle de tous les mondes de l'Univers dans leur perfection. C'est aussi le mystère révélé, la connaissance et le savoir.

La vingt-deuxième et dernière lame du Tarot est le Fou. Oswald Wirth dit de lui qu'il est celui qui ne s'illusionne pas sur la vanité de son savoir. Il sait surtout que l'achèvement de son travail n'est que relatif et qu'un nouveau cycle est toujours à entreprendre, même au-delà des bornes de la raison.

C'est « la roue qui tourne » dans l'ineffable lumière de ses 22 rayons.

Le 22, nous le retrouvons dans les 22 chapitres de l'Apocalypse attribuée à saint Jean. Nous le rencontrons souvent et notamment avec les 22 Grands Maîtres de l'ordre du Temple. Le martyre du dernier de ces Grands Maîtres symbolise concrètement la fin d'un cycle.

Chaque nombre nous offre des significations qui peuvent nous guider, nous aider et nous préserver.

Depuis les antiques langues numérales qui nous ont laissé ces extraordinaires monuments que sont les textes canoniques, nous savons que la création est révélée par les nombres et qu'ils véhiculent tous les mystères et toutes les vérités. L'être humain n'est pas un témoin. Il participe à l'évolution de cet univers dont il est un élément en interdépendance avec tous les autres éléments.

La numérologie est une science.
Tout est nombre et révélé par les nombres

Le Tarot nous enseigne par les nombres de ses 22 lames, de ses « 22 rayons de la divine lumière » qui éclairent un symbolisme vivant, à la fois éternel et évolutif. Chaque personnage, chaque objet, chaque couleur, chaque élément apparent ou évoqué, depuis les étoiles du cosmos jusqu'au bouton d'un vêtement, est chargé des valeurs du symbole qu'il constitue et des énergies qu'il diffuse.

Le Tarot est vivant depuis des millénaires, caché, discret ou insolemment présent dans notre quotidien.

Par chacun des nombres de ses 22 rayons, il nous accompagne tout au long de notre vie, dès notre naissance et jusqu'à l'aboutissement du cycle que nous vivons sans trop savoir pourquoi et vers quoi.

Notre date de naissance, composée de trois éléments principaux : le jour, le mois et l'année, nous offre déjà un livre ouvert dans lequel sont inscrits les éléments majeurs de notre personnalité, de nos tendances, de nos vertus possibles et de leurs contraires.

Savoir lire ce livre, c'est mieux se connaître, c'est pouvoir utiliser chaque tendance révélée dans son sens positif, c'est être alerté par rapport aux difficultés annoncées et informé des qualités qu'il nous faudra cultiver.

L'image de chaque lame représentée simplement par son nombre, nous la retrouvons sans cesse par notre identité : nom, prénom, surnom, pseudonyme. Nous la retrouvons dans ces nombres qui parfois jaillissent spontanément de notre inconscient où nous les puisons volontairement, sans les choisir, et qui savent aussi apparaître dans nos rêves, au plus profond des mystères du sommeil.

Un travail sur soi, une connaissance de plus en plus subtile de chaque lame, une recherche toujours poursuivie quant à la force et à la vie des symboles, une évolution dirigée et une maîtrise chaque jour plus affirmée de la sensibilité, de l'intuition et de toutes les perceptions extra-sensorielles amènent à vivre dans un monde différent qui n est plus celui des apparences, mais qui devient le monde de la réalité.

Le nombre est là, apparemment neutre et figé. Derrière lui, un voile, un écran, et au-delà l'inconnu qui peut nous être en partie révélé si nous le méritons. Les qualités nécessaires nous ont été offertes avec la vie.

Parmi ces qualités, il en est une que nous ne devons pas délaisser, c'est la possibilité de choisir, de développer toutes les autres ou de feindre de les ignorer.

Nous sommes libres d'avancer sur le chemin de la connaissance ou de rester dans une obscure immobilité. Si le mouvement peut engendrer l'erreur, l'immobilité n'engendre que l'erreur. Un vieux proverbe zen nous dit : « Qui s'arrête se trompe. » Notre libre arbitre nous permet de choisir... et de nous tromper.

Chacun peut se préparer à soulever un coin du voile, à passer de l'autre côté du miroir, à dépasser la matière et les apparences. Il suffit de prendre conscience que chaque être humain en est capable et de s'engager sur le chemin initiatique de la connaissance, sur cette route jalonnée par les symboles des nombres et des lames du Tarot, voie royale brillamment éclairée par « les 22 rayons de la divine lumière ».

COMMENT INTERROGER LES 22 RAYONS DE LA DIVINE LUMIÈRE

1- Par la date de naissance

Chaque date de naissance fournit des indications précieuses. Elle ne détermine pas une carrière, mais elle peut être très utile pour éviter, par exemple, des erreurs regrettables dans une orientation professionnelle.

Par la date de naissance nous sont révélés le caractère profond et parfois encore inapparent, les tendances imaginatives, créatives, dynamiques, affectives, etc. Nous y décelons la sentimentalité, le goût de la justice, de l'indépendance, des voyages, des arts, des écrits, etc. Mais les tendances contraires sont également inscrites telles que le repli sur soi, l'isolement, la timidité, l'indolence, l'égoïsme... jusqu'au diabolisme. Tout est là sous nos yeux par l'interprétation des lames du Tarot vibrant avec chaque nombre. Les qualités et les défauts nous sont présentés pour tous les humains, hommes et femmes.

C'est encore le « connais-toi toi-même » qui va pouvoir nous guider si l'image que nous nous sommes faite de nous-mêmes ne nous aveugle pas. C'est la possibilité d'aider les autres à mieux se connaître ou à mieux connaître ceux dont ils sont responsables, par exemple leurs enfants.

Reprenons le cas qui se présente fréquemment, celui de l'orientation. Si nous trouvons par la date de naissance une tendance créative avec le sens et le goût des arts auxquels s'ajoutent un tempérament actif et un désir de bouger et de voyager, nous en déduirons que cette personne ne pourra pas s'épanouir si elle est dirigée vers des tâches de secrétariat ou une activité professionnelle totalement sédentaire qui risque de l'isoler.

Cette personne sera « mal dans sa peau » et sujette à des états dépressifs. Cependant, une activité secondaire, un « violon d'Ingres », en accord avec ses goûts et ses tendances, peut l'aider à rétablir son équilibre sans porter atteinte à sa situation matérielle.

Que de cas rencontrés où des gens prisonniers de leurs nécessaires besoins matériels n'ont pas réussi à les concilier avec leurs véritables aspirations et ont, petit à petit, sombré dans une dégradation de leur psychisme qui a entraîné des états dépressifs et des perturbations de leur santé jusqu'à de graves maladies !

Être « bien dans sa peau », c'est vivre en harmonie avec soi-même, avec sa vraie nature... à condition de savoir ce quelle est et d'en avoir conscience ; donc de bien se connaître.

La date de naissance est la première clé de la connaissance de soi. Elle révéle des pulsions caractérielles difficiles à maîtriser, des avantages à exploiter et des épreuves à subir.

Pourquoi chaque être humain est-il ainsi « marqué » plus ou moins favorablement dés sa naissance ? La question reste posée : hérédité génétique, vie antérieure, karma ?

Ces « marques », quel que soit le nom qu'on leur donne, ne sont pas destinées à être subies passivement. Nous devons et pouvons les comprendre pour les dépasser. La date de naissance peut aider à cette compréhension. Il conviendra ensuite d'agir en fonction de ces révélations. Ce n'est pas toujours facile, mais c'est possible.

Chaque date de naissance se compose de trois éléments que nous prenons dans l'ordre suivant : le jour, le mois, l'année.

Le jour. Nous l'inscrivons en premier dans la colonne de gauche. Si son nombre est égal ou supérieur à 10, nous le réduisons et inscrivons le résultat au-dessous. Par exemple 1 2 est réduit à 3 (1 + 2), 10 est réduit à 1 (1 + 0). Il se peut qu'une troisième ligne soit nécessaire. Par exemple, pour quelqu'un qui est né un 29. Ce nombre est réduit à 11, et 11 est réduit à 2 (1 + 1).

Cette réduction ne supprime l'analyse du premier nombre que s'il est supérieur à 22.

Le mois. Nous procédons de même pour le mois, dont le nombre sera éventuellement réduit. Cette réduction sera placée sur la dernière ligne.

L'année. Nous plaçons l'année en troisième colonne sur la première ligne et nous additionnons tous les chiffres. Par exemple, l'année 1 992 devient 1 + 9 + 9 + 2 = 21.

Ce nombre sera placé sur la deuxième ligne et sa réduction 3, sur la troisième ligne.

Nous obtenons ainsi le tableau ci-contre en prenant par exemple une personne née le 28-12-1991 :

Jour	Mois	Année
28	12	1991
10		20
1	3	2

Nous additionnons les nombres de la dernière ligne soit 1 + 3 + 2 = 6. Si ce nombre était égal ou supérieur à 10, nous le réduirions et obtiendrions un nombre de plus qui entrerait dans notre analyse.

En fonction de la lame du Tarot qu'il représente, chaque nombre sera étudié individuellement et par colonne, de gauche à droite :

Jour le 10 et le 1,

Mois le 12 et le 3,

Année le 20 et le 2.

Il convient de relever les oppositions qui sont indiquées par la répétition d'un nombre. Le 2 représente une dualité et, lorsqu'un nombre apparaît deux fois, cette répétition va créer une force à tendance négative. Si ce nombre apparaît trois fois, cette force négative est annulée et ce 3 annonce une force plus puissante de la tendance positive, le trois étant symbole de réalisation.

Des nombres peuvent se trouver en opposition, par exemple le 10 (dynamisme) et le 9 (lenteur). Le 10 plus puissant va renforcer le dynamisme sans altérer les qualités du 9.

En fonction de la connaissance de chaque lame et de l'analyse globale de ces lames, comme cela se fait pour un tirage, les conclusions seront données. Elles laisseront place à l'intuition, à l'inspiration, en provenance des « rayons » révélés.

Pour illustrer concrètement la façon d'analyser une date de naissance, voici quelques exemples. Tout d'abord, quatre personnes rencontrées

au cours d'un stage sur « le Tarot divinatoire et initiatique » que nous avons animé à Paris en 1992. Ces stagiaires qui ont participé à l'établissement de chaque analyse - sauf chaque fois l'intéressé - ont tous reconnu l'exactitude de cette méthode [1].

Un homme né le 1 9 mai 1935 :

Le 1 9 se réduit à 10 qui se réduit à 1.

Le 5 ne se réduit pas.

1 935 soit 1 + 9 + 3 + 5 = 1 8 qui se réduit à 9.

Le tableau se présente comme suit :

Jour	Mois	Année
19	5	1935
10		18
1	5	9

La dernière ligne 1 + 5 + 9 = 1 5 se réduit à 6.

> **Interprétation :**

* **Le 19 - Le Soleil (page 56)**

Sens de la perfection, gloire qui rayonne et fertilisation. L'intéressé est effectivement organisé et méticuleux, d'un très bon contact avec les autres et a su « fertiliser » son entreprise professionnelle.

1 Kamina Brochka et Charly Samson animent régulièrement des stages à Paris et à Montpellier. Pour tous renseignements, leur écrire à l'adresse suivante : « La Pommeraie », 9 rue Lapérouse, 34970 Lattes.

* **Le 10 - La Roue de Fortune (page 38)**

Malgré des difficultés relativement normales, il prend sa vie en main et la maîtrise dans l'équilibre et la stabilité. Rien n'est laissé au hasard.

* **Le 1 - Le Bateleur (page 20)**

Cette lame est celle du dynamisme et de l'individualisme qui permet de prendre successivement de nouveaux départs dans la vie. Dans le cas présent, l'intéressé venait de vendre son entreprise et organisait sa prochaine activité.

* **Le 5 - Le Pape (page 28)**

Cette lame est celle de la communication, des bons contacts avec les autres et de la transmission des connaissances. L'intéressé, dans sa profession, a souvent été appelé à former des apprentis.

* **Le 18 - La Lune (page 54)**

Imagination fertile, créativité, poésie et rêverie. Caractère réfléchi mais souvent inquiet. Il est à remarquer une opposition créée par les contradictions du 18 (la lune) et du 19 (le soleil). Cela va entraîner des périodes d'humeur tantôt positives et tantôt négatives où se succèdent l'optimisme et l'anxiété.

* **Le 9 - L'Ermite (page 36)**

Une vie intérieure intense qui ne fait pas exprimer tout ce qui est ressenti et tout ce qui est souhaité. Isolement, timidité et possible repli sur soi. Le temps de la réflexion est toujours important. Cette lenteur est heureusement atténuée par le dynamisme du 10.

* **Le 15 - Le Diable (page 48)**

Caractère passionné et goût du risque. Engagera toutes ses forces pour obtenir une réussite matérielle. Le 15 révèle un tempérament impulsif. Attrait pour les plaisirs de la vie. Cependant, la présence du 18 et du 9 va créer une intériorité des réactions impulsives qui ne seront pas exprimées. Possibilité de « colères rentrées ».

* **Le 6 - L'Amoureux (page 30)**

Les hésitations dans les choix et au cours de la réflexion (voir le 9) risquent parfois de retarder l'action. Malgré le dynamisme, il existe un certain risque de manque de confiance en soi.

➢ **Synthèse :**

En présence de cette date de naissance, il peut être dit ceci : personnage changeant correspondant à la qualification populaire de « lunatique ». Malgré les épreuves qui peuvent le perturber, il a la possibilité d'aller de l'avant sans trop se laisser abattre.

Les bons contacts avec les autres favorisent les professions à caractère commercial.

Les nombres 5, 1 8 et 9 apportent une curiosité pour tout ce qui concerne l'ésotérisme avec le désir d'étudier et de transmettre.

Cet homme rencontré en 1992 correspond à ce type de caractère. Il exerce une profession artisanale, forme des apprentis et n'hésite pas à changer de lieu pour améliorer ses résultats financiers. D'un très bon contact avec les autres, il paraît réservé et même timide, ce qui ne fait que voiler son caractère entreprenant et dynamique, mais parfois inquiet. Il a entrepris un travail sur lui-même et une recherche par des études, par exemple le Tarot, et souhaite pouvoir transmettre plus tard ses connaissances.

Une femme née le 9 juin 1949.

Le 9 ne se réduit pas.

Le 6 ne se réduit pas.

1949, soit 1 + 9 + 4+ 9 = 23 qui se réduit à 5.

Le tableau se présente comme suit :

Jour	Mois	Année
9	6	1949
		23
9	6	5

La dernière ligne = 9 + 6 + 5 = 20 se réduit à 2.

➢ **Interprétation :**

* **Le 9 - L'Ermite (page 36)**

Vie intérieure intense qui fait ne pas exprimer tout ce qui est ressenti et tout ce qui est souhaité. Jardin secret, isolement, timidité et possibilité de repli sur soi. Recherche dans le domaine de l'ésotérisme. Avant l'action, le temps de la réflexion est important. Sentimentalement, les attachements sont sincères et profonds.

* **Le 6 - L'Amoureux (page 30)**

Difficulté de choisir dans des circonstances essentielles qui ne manqueront pas de se présenter. Manque de confiance en soi. Les hésitations vont ralentir l'évolution et cette situation est en rapport avec la lenteur de l'Ermite. Le 23 - Notre analyse s'arrête au 22. Donc, tout nombre supérieur à 22 n'est pris en compte que dans sa réduction.

* **Le 5 - Le Pape (page 28)**

Cette lame est celle de la communication, des bons contacts avec les autres et de la transmission des connaissances. Elle est aussi celle de la sagesse, de l'indulgence et de la méditation, dans un climat de modestie. La modestie correspond aux hésitations du 6 et à la lenteur du 9. Mais le 5 permet de découvrir des possibilités cachées. Timidité et réserve ne signifient pas repli sur soi et isolement définitif. Lorsque naîtra la confiance en soi, il sera possible d'aller vers les autres, de communiquer et de transmettre.

* **Le 20 - Le Jugement (page 58)**

Cette lame révèle des tendances intuitives, mystiques et ésotériques. Elle peut avoir une influence positive ou négative. Elle peut apporter une prise de conscience soudaine, un éveil à la vie spirituelle et à la voyance. Des rencontres inattendues sont à prévoir. Elles sont favorables.

* **Le 2 - La Papesse (page 22)**

Grande sensibilité. Besoin d'être aimé et stimulé. Lame du mystère et des choses cachées. Elle désigne une intelligence fertile, patiente et intuitive.

➢ **Synthèse :**

En présence de cette date de naissance, il peut être dit ceci : nous remarquons quatre nombres (9-5-20-2) qui ont un rapport avec l'ésotérisme, la recherche intérieure, l'inspiration, l'intuition et le mysticisme qui ne manqueront pas de se manifester à un moment ou à un autre de la vie.

Au départ, timidité, réserve, possible manque de confiance en soi. L'évolution de cette situation peut être provoquée par une rencontre inattendue.

En ce qui concerne cette personne rencontrée en 1992, elle avait une longue période correspondant à la première partie de notre analyse. Mais elle vivait un grand tournant de son existence, correspondant à cette évolution profonde de sa personnalité, à la suite d'une rencontre sentimentale inattendue qui l'avait révélée à elle-même.

Sa prise de conscience fut subite, surprenante pour elle. À partir de ce tournant, elle est capable de vivre sa personnalité profonde jusqu'alors inexprimée. Elle pourra alors vivre pleinement la sérénité quelle commence à ressentir.

Une femme née le 25 juin 1953.

Le 25 se réduit à 7.

Le 6 ne se réduit pas.

1953, soit 1 + 9 + 5 + 3 = 1 8 qui se réduit à 9.

Le tableau se présente comme suit :

Jour	Mois	Année
25	6	1953
		18
7	6	9

= 7 + 6 + 9 = 22 se réduit à 4.

➢ **Interprétation :**

* **Le 7 - Le Chariot (page 32)**

Lame liée aux voyages positifs et au dynamisme. Bonne

organisation des activités et faculté de prendre rapidement des décisions en ne laissant rien au hasard.

*** Le 6 - L'Amoureux (page 30)**

Cette lame contredit la précédente car elle est celle de la difficulté de choisir, du manque de confiance en soi, des hésitations et de la lenteur. Donc, le 6 va être neutralisé ou diminué par la puissance du 7.

*** Le 18 - La Lune (page 54)**

Imagination, fertilité, créativité, poésie et rêverie. Caractère réfléchi et inquiet.

*** Le 9 - L'Ermite (page 36)**

L'Ermite chemine en solitaire. Il garde ses acquis. Lame de la réflexion, de la méditation et du goût pour les études ésotériques. C'est également la lame de la patience et de la prudence.

*** Le 22 - Le Fou (ou le Mat) (page 62)**

Possibilité de poursuivre son chemin sans se préoccuper de ce qui l'entoure. Indifférence au jugement des autres. L'imagination fertile dépasse la compréhension et s'exprime dans le domaine des arts.

La combinaison des nombres 22, 1 8 et 9 reflète une attirance pour les études, la lecture, les écrits.

*** Le 4 - L'Empereur (page 26)**

Volonté, autorité, amour de créer et de dominer. Un besoin de stabilité et une maîtrise de soi.

➢ Synthèse :

En présence de cette date de naissance, il peut être dit ceci : l'intéressée sera amenée à beaucoup voyager. La curiosité intellectuelle la poussera à s'intéresser à tout ce qui paraît être mystérieux, ésotérique et caché. Le savoir sera complété par une imagination très vive et créative se projetant toujours vers l'avenir. Possibilité de ressentir les difficultés avec une certaine appréhension. Poésie et imagination n'excluent pas le réalisme qui dirige l'organisation de la vie. Besoin de voyager, de connaître et de savoir, mais avec la nécessité de posséder la sécurité d'un ancrage solide.

Cette personne rencontrée en 1992 était venue de l'étranger pour suivre notre stage sur les Tarots à Paris. Elle voyage pratiquement sans arrêt et étudie non seulement dans le domaine de l'ésotérisme, mais aussi à propos des mystères concernant des personnages historiques. S'intéresse activement aux écrits.

Un homme né le 26 août 1954.

Le 26 se réduit à 8. Le 8 ne se réduit pas.

1954, soit 1 + 9 + 5 + 4= 19 se réduit à 10 qui se réduit à 1.

Le tableau se présente comme suit :

Jour	Mois	Année
26	8	1954
		19
		10
8	8	1

La dernière ligne = 8 + 8+ 1 = 17 se réduit à 8.

> **Interprétation :**

* **Le 8 - La Justice (page 34)**

Dans cette date de naissance, le 8 domine et il apparaît trois fois. Nous savons que le même nombre apparaissant deux fois crée une opposition. Lorsqu'il apparaît trois fois, au contraire, les caractéristiques du nombre sont puissamment renforcées et réalisées. Le 8, c'est la recherche d'équilibre et de justice, parfois jusqu'à la perfection. En mathématiques, le huit couché est le symbole de l'infini. Ce besoin d'équilibre est indiqué par les plateaux de la balance. Cette personne est capable de prendre position catégoriquement et de se battre pour des idées justes.

Cette lame désigne une personne réfléchie, d'un bon jugement, vis-à-vis des autres et des affaires. Une grande prudence lui dicte des décisions et des actions positives. La réflexion peut parfois retarder l'action, ce que symbolise le dessin du 8, car lorsqu'on dessine ce chiffre on risque de tourner en rond et de ne pas en sortir.

Cependant, dans le cas que nous étudions, il est évident que les trois 8 signifient une réalisation. Cette lame qui se rapporte aussi aux interventions d'hommes de loi peut annoncer un goût pour ces professions ou le fait d'avoir affaire avec. L'intéressé n'exerce pas une profession dans le domaine de « la justice », mais défend les idées et les gens dans sa vie lorsqu'il s'agit de causes justes. Le 8 indique également l'impossibilité de tirer un profit injuste de situations qui pourraient permettre d'exploiter les autres. L'intéressé possède un sens social très développé. Il exerce une activité secondaire de magnétiseur avec beaucoup de générosité et de dévouement désintéressé.

* **Le 19 - Le Soleil (page 56)**

Sens de la perfection, gloire qui rayonne et fertilisation.

Chez l'intéressé, le sens de la perfection est évident ainsi que le rayonnement de son charisme. Quant à la gloire ?... On verra plus tard... Fertilisation : il désire apprendre, évoluer, se perfectionner et transmettre généreusement ses acquis aux autres.

* **Le 10 - La Roue de Fortune (page 38)**

Malgré les difficultés, il prend sa vie en main, la maîtrise et va de l'avant, toujours à la recherche d'équilibre et de stabilité. Il réfléchit et ne laisse rien au hasard. Lors de cette analyse, des événements récents de sa vie venaient de confirmer ces qualités.

* **Le 1 - Le Bateleur (page 20)**

Lame du dynamisme et de l'individualité. Il prend sa vie en main sans avoir recours aux autres. Il est capable de prendre successivement de nouveaux départs.

* **Le 1 7 - L'Étoile (page 52)**

Cette lame est celle de la réceptivité et de l'inspiration qui vient «d'ailleurs» (du cosmos). On y retrouve la fertilité. Les étoiles rappellent encore la lame 8, la justice, qui symbolise l'équilibre, la stabilité et l'intelligence coordonnant l'équilibre de l'Univers. Elles apportent à l'esprit la lumière, l'espoir, l'harmonie, l'amour et le goût des arts.

➢ **Synthèse :**

En présence de cette date de naissance, il peut être dit ceci : personnalité réfléchie, assoiffée de justice, qui transmettra ses connaissances et ses énergies. Toujours à la recherche de la perfection. Grande réceptivité et attirance vers le domaine des arts. Dévouement aux autres.

En ce qui concerne ce cas étudié en 1992, ces éléments se sont manifestés dans l'adolescence et ont commencé à se réaliser aux environs de 33 ans. Cette évolution correspond à un chemin initiatique qui peut amener l'intéressé à une profonde réalisation.

Ces quatre analyses sont des exemples qui ont permis à des stagiaires de constater en fin de stage qu'ils avaient acquis des connaissances suffisantes pour les effectuer. Il est évident qu'un travail quelque peu succinct au départ se complète petit à petit par une meilleure connaissance des lames du Tarot, de leur symbolisme et par, éventuellement, un travail en commun en cours et stages d'initiation ou de perfectionnement[2].

Il nous a paru intéressant d'étudier les dates de naissance de personnages célèbres du passé. Nous ne connaissons pas toujours leur tempérament et leurs caractéristiques intimes, mais nous pouvons suivre le cheminement de leur existence et sa correspondance avec leur date de naissance.

Dans les pages suivantes, nous analyserons dans l'ordre chronologique les dates de naissance des personnages suivants :

- Molière, né le 1 5 janvier 1622 ;

2 Cette méthode, que nous avons découverte, travaillée et mise au point, ne peut être enseignée que dans nos propres stages ou par des personnes formées par nos soins et dûment accréditées. Les sessions des différents stages ou cours rassemblent au maximum 15 personnes.

- Mesmer, né le 23 mai 1734 ;
- Jules Verne, né le 8 février 1828 ;
- Hitler, né le 20 avril 1889 ;
- De Gaulle, né le 22 novembre 1890.

Peut-être tenterez-vous d'analyser vous-même ces dates de naissance avant de consulter les pages suivantes ?

MOLIÈRE

Date de naissance 15 - 01 - 1622.

Le 15 se réduit à 6.

Le 1 ne se réduit pas.

1622, soit 1 + 6 + 2 + 2 = 11 qui se réduit à 2.

Le tableau se présente comme suit :

Jour	Mois	Année
15	1	1622
		11
6	1	2

La dernière ligne = 6+1 +2 = 9.

➢ **Interprétation :**

* **Le 15 - Le Diable (page 48)**

Caractère passionné, goût du risque, n'hésite pas à critiquer dans ses pièces de théâtre les puissants de son époque. Le 15 donne un attrait aux plaisirs de la vie et Molière les appréciait. La passion du théâtre et la passion amoureuse furent les moteurs de sa vie.

* **Le 6 - L'Amoureux (page 30)**

Le 6 est un nombre « sexuel », mais il est aussi le symbole d'un choix entre le bien et le mal. Molière a choisi de fustiger le mal qu'il dénonçait à travers le comportement de ses contemporains : l'avare, le misanthrope, les médecins, etc.

* **Le 1 - Le Bateleur (page 20)**

Molière a été le créateur d'un genre théâtral et il se trouve le premier - on pourrait dire « en tête d'affiche » - de sa troupe de comédiens. Son style est nouveau, original. Molière personnifie exactement le Bateleur, jeune, dynamique, beau parleur et en représentation. Cependant, il a besoin d'être aidé et entouré et c'est le 2 qui nous le révèle (la Papesse). Effectivement, ce qu'il fait dire à ses comédiens lui attirerait les foudres des puissants s'il n'était pas protégé de très près par le roi Louis XIV. D'autre part, ses pièces de théâtre n'auraient pas été efficaces sans la présence permanente autour de lui de sa troupe de comédiens.

Quand le 1 et le 2 apparaissent dans une étude de date de naissance, on se trouve en présence d'une personne très individualiste, mais qui a besoin des autres et n'accepte pas de le reconnaître.

* **Le 11 - La Force (page 40)**

Une force physique et une force intérieure. La vie d'un homme de théâtre itinérant qui dirigeait sa troupe de comédiens au xvne siècle exigeait une force physique, une santé au-delà de la normale. Mais, en plus, les difficultés de toutes sortes, y compris les rivalités, ne pouvaient être affrontées qu'avec une force intérieure de haut niveau. Réussite intellectuelle. Succès dans le travail. C'est par l'intelligence que les projets aboutissent à des succès.

* **Le 2 - La Papesse (page 22)**

Voir deuxième paragraphe du 1, le Bateleur. Grande sensibilité. Besoin d'être aimé et stimulé. La Papesse est la lame du mystère et des choses cachées « quelle ne révèle pas ». Le mystère règne encore autour de Jean-Baptiste Poquelin, dit Molière. Des historiens se sont penchés et se penchent encore sur ce personnage qui, simple comédien, avait acquis « l'amitié » du roi. Certains se sont posé la question : « Louis XIV était-il l'inspirateur direct de Molière ? A-t-il collaboré à l'écriture de certaines de ses pièces ? » C'est un mystère, et la vérité n'a pas été révélée.

* **Le 9 - L'Ermite (page 36)**

Ce nombre pourrait paraître contradictoire, car Molière

vivait en public et avec le public. Cependant, son œuvre était celle d'un solitaire qui, comme l'Ermite, cachait son savoir sous un vaste manteau, celui de la lumière qui l'inspirait, lumière cachée qui pouvait être celle du Roi-Soleil.

Les personnages de Molière lui permettent de se poser des questions sur la société, sa morale et sa philosophie. Sa recherche intérieure comporte une grande sagesse et un certain retrait par rapport aux mœurs qu'il décrit. Chez Molière, nous trouvons la recherche intérieure et intellectuelle, mais aussi la passion exprimée par le 15 qui est en tête de sa date de naissance.

MESMER

Date de naissance 23 - 05 - 1734.

Le 23 se réduit à 5.

Le 5 ne se réduit pas.

1 734, soit 1 + 7 + 3 + 4 = 15 qui se réduit à 6.

Le tableau se présente comme suit :

Jour	Mois	Année
23	5	1734
		15
5	5	6

La dernière ligne = 5 + 5 + 6= 16 se réduit à 7.

➤ **Interprétation :**

* Le 5 - Le Pape (page 28)

Le premier nombre est le 5, mais le deuxième nombre est également le 5 et nous trouvons une dualité, une opposition par rapport à ce nombre. Ce 5 transmet la connaissance qu'il a acquise. C'est ce qu'a tenté de réaliser Mesmer en publiant les résultats de ses travaux sur la découverte du magnétisme animal. La connaissance reçue et accumulée n'est pas transmise, en raison de l'opposition des deux 5. Une force puissante et une inspiration d'origine mystérieuse se retournent contre l'intéressé. Il s'agit d'une connaissance quasi mystique. Mesmer était un « initié » et un scientifique. Il était membre de la franc-maçonnerie où il avait été reçu avec son ami Mozart. Le rituel de Mesmer autour de son baquet avec costume lilas, éclairages et musique peut correspondre à une démesure entraînant une faiblesse importante[3].

*** Le 15 - Le Diable (page 48)**

Caractère passionné. L'influence des combinaisons de forces accumulées pousse à assouvir les passions. Le 15 caractérise le goût du risque. La tentative de rénovation de la médecine était particulièrement risquée dans le contexte de la science de cette époque. Le 15 est toujours en relation avec la matière et Mesmer a affirmé la matérialité du magnétisme, ce qui pour certains de ses contemporains pouvait paraître « diabolique ».

Le 15 donne un attrait aux plaisirs de la vie. Il peut s'agir également d'une entreprise que l'intéressé tient à réaliser, mais, dans le négatif, cette entreprise peut aboutir à l'insuccès et à l'échec. Cet échec apparent à son époque est venu du fait que Mesmer, écœuré par les oppositions de ses contemporains, a eu des réactions de colère et de violence, caractéristiques du 15, qui l'ont poussé à se retirer de la vie publique sans avoir transmis une partie importante des découvertes qu'il avait annoncées.

*** Le 6 - L'Amoureux (page 30)**

C'est le nombre qui caractérise les hésitations. Deux voies se présentaient devant Mesmer, transmettre ou ne pas transmettre toutes les découvertes qu'il avait annoncées. Il a été influencé par l'incompréhension manifeste de ceux qui auraient profité de ses méthodes. Devant les épreuves, il était vraiment seul pour prendre ses décisions.

*** Le 16 - La Maison-Dieu (page 50)**

Caractère têtu pouvant aller jusqu'à la rupture, qui peut

---

3 Le livre de Charly Samson, *Tout le magnétisme et plus encore....* Éditions Trajectoire, présente une étude détaillée des découvertes de Mesmer et de sa personnalité.

être motivée par l'orgueil ou la vanité. Pour Mesmer, trop de succès dans un premier temps qui a entraîné un arrêt brutal car il était convaincu de la justesse de sa méthode.

La Maison-Dieu représente une tour foudroyée par la justice divine. La tour, c'est l'homme, et c'est la tête qui est atteinte. Mesmer a été atteint dans les idées qu'il voulait propager et rejeté par la justice (ou l'injustice) des instances supérieures dans son domaine qui était la médecine. Le 16 peut n'être qu'un avertissement, mais qui peut entraîner la démolition. C'est généralement ce qui arrive aux personnages en avance sur leur temps.

*** Le 7 - Le Chariot (page 32)**

Le Chariot, c'est le voyage, mais ce voyage peut ne pas être géographique. Le chemin initiatique peut être un long voyage. Mesmer a parcouru symboliquement un long chemin d'études et d'expérimentations avant d'annoncer ses découvertes.

Malgré les oppositions des deux chevaux, il tient bien les rênes et mène sa vie dans la direction de sa logique.

JULES VERNE

Date de naissance 08 - 02 - 1828.

Le 8 ne se réduit pas.

Le 2 ne se réduit pas.

1828, soit 1 + 8 + 2 + 8 = 19 qui se réduit à 10 qui se réduit à 1.

Le tableau se présente comme suit :

Jour	Mois	Année
8	2	1828
		19
		10
8	2	1

La dernière ligne = 8 + 2 + 1 = 11 se réduit à 2.

Nous remarquons une opposition avec deux fois le nombre 2.

➢ **Interprétation :**

* Le 8 - La Justice (page 34)

Il est difficile de connaître le caractère réel et intime des personnages du passé. Par ses écrits, Jules Verne révèle un sens profond de la justice et de l'équilibre. Le 8 désigne une personne réfléchie, d'un bon jugement vis-à-vis des autres et des affaires, ce qui a été son cas.

* **Le 2 - La Papesse (page 22)**

Grande sensibilité. Besoin d'être aimé et d'être stimulé. La Papesse est la lame du mystère et des choses cachées quelle ne révèle pas. Chez Jules Verne, le goût du mystère est évident. Cependant, il révèle des éléments prémonitoires tels que le sous-marin, les voyages autour du monde, etc. Cette opposition des 2 fait qu'il ne révèle qu'en partie. Par un codage astucieux, il ne soulève qu'un coin du voile dans certains romans. Par exemple, dans son livre Clovis Dardentor, qui a un rapport direct avec les mystères de Rennes-le-Château. N'oublions pas que Jules Verne est un contemporain de l'abbé Saunière et que ce roman a été publié cinq ans après le séjour de ce dernier à Paris.

* **Le 19 - Le Soleil (page 56)**

Sens de la perfection et de la gloire qui rayonne. Éléments évidents dans la vie de cet écrivain. Le 19 fertilise et nous constatons que son œuvre a fertilisé un genre littéraire aujourd'hui en vogue, la science-fiction. Le 19 symbolise aussi l'expression heureuse des talents littéraires ou artistiques.

* **Le 10 - La Roue de Fortune (page 38)**

Il prend sa vie en main, la maîtrise et va de l'avant malgré les oppositions qui pourraient le freiner. Le 10 joue un rôle actif. Effectivement, l'activité ou la productivité de Jules Verne est impressionnante. Il ne laisse rien au hasard et transmet cette énergie aux personnages qu'il imagine.

* **Le 1 - Le Bateleur (page 20)**

Jules Verne est le premier dans ce style d'écriture et réalise concrètement ce qu'il souhaite. Il représente un départ, un commencement dans son domaine littéraire et professionnel. Comme le Bateleur, il reçoit l'inspiration, il l'harmonise avec son imagination qui va jusqu'à l'infini. Le chapeau du bateleur a la forme de l'omega. Cet auteur crée des personnages, des situations, des lieux... et les fait accepter par le public non plus par la parole du bonimenteur, mais par ses écrits.

* **Le 11 - La Force (page 40)**

Une force physique et une force intérieure. Réussite intellectuelle. Succès dans le travail. C'est par l'intelligence que les projets aboutissent à des succès.

HITLER

Date de naissance 20 - 04 - 1889.

Le 20 se réduit à 2.

Le 4 ne se réduit pas.

1889, soit 1 + 8 + 8 + 9 = 26 qui se réduit à 8. Le tableau se présente comme suit :

Jour	Mois	Année
20	4	1889
		26
2	4	8

La dernière ligne = 2 + 4 + 8= 14 se réduit à 5.

➢ **Interprétation :**

* **Le 20 - Le Jugement (page 58)**

Ce nombre révèle des tendances intuitives, mystiques et ésotériques. Il peut avoir une influence soit positive soit négative. Pour ce personnage, nous trouvons dans sa vie les éléments suivants : mission à accomplir, ivresse spirituelle, illuminisme, conscience obscurcie.

* **Le 2 - La Papesse (page 22)**

Dualité. Besoin d'être stimulé, entouré et aimé. C'est la lame de la dissimulation et de l'hypocrisie. Au nombre 2, il manque une unité pour atteindre la réalisation que symbolise le 3.

Très souvent, les personnes marquées par un 2 ont du mal à aller jusqu'à l'aboutissement de leur action.

* **Le 4 - L'Empereur (page 26)**

L'Empereur représente l'autorité, la volonté, l'amour de créer et de dominer. Cette lame peut annoncer des dispositions pour une carrière politique, elle peut mener à l'entêtement, à la tyrannie.

* **Le 8 - La Justice (page 34)**

Recherche de justice et d'équilibre. Ces deux mots correspondent aux arguments du futur dictateur à la recherche de la prise du pouvoir dans un pays où régnaient injustice, déséquilibre économique et politique à la fin des années 1920. Le 8 dans le sens négatif annonce prétentions et autorité abusives, situations illégales et malhonnêtes, intolérance et sectarisme.

* **Le 14 - La Tempérance (page 46)**

Cette lame est favorable à toute communication. C'est la lame du magnétisme et du charisme. Effectivement, tous ceux qui ont rencontré ce personnage ont été frappés par son « regard magnétique » et par son charisme. Il est évident qu'il fallait qu'il possède ces qualités pour conquérir l'adhésion d'un peuple en prétendant promouvoir la race pure des grands blonds alors que, physiquement, il était tout le contraire.

* **Le 5 - Le Pape (page 28)**

Cette lame se rapporte au mysticisme pouvant aller jusqu'au fanatisme. En transmettant sa philosophie comme le Pape transmet son enseignement, Hitler a bousculé les valeurs morales et spirituelles pour atteindre un fanatisme d'illuminé.

Les personnes marquées par ces nombres peuvent en développer les tendances dans un sens positif ou négatif. Les racines et l'environnement culturel sont à prendre en compte. Hitler, illuminé et placé dans un contexte particulier, se croyait dans la vérité d'autant plus qu'il était disposé à rechercher l'influence de membres de sociétés secrètes dont la philosophie le poussait aux pires outrances.

Avant d'établir l'analyse des tendances révélées par une

date de naissance, il est indispensable de bien connaître les interprétations possibles et contradictoires des nombres qui la composent.

DE GAULLE

Date de naissance 22 - 11 - 1890.

Le 22 se réduit à 4.

Le 11 se réduit à 2.

1890, soit 1 + 8 + 9 + 0 = 18 qui se réduit à 9.

Le tableau se présente comme suit :

Jour	Mois	Année
22	11	1890
		18
4	2	9

La dernière ligne = 4 + 2 + 9 = 15 se réduit à 6.

➢ **Interprétation :**

* **Le 22 - Le Fou ou le Mat (page 62)**

Cette lame peut être considérée comme représentant la fin d'un cycle et le point de départ d'un nouveau cycle.

Le général de Gaulle marque la fin d'un cycle avec son appel du 18 juin 1940 qui officialise la cassure historique avec ce qui fut la IIIe République et avec l'acceptation de la défaite par le nouveau gouvernement de la France.

En 1944. après la Libération, il est le fondateur de la IVe République. C'est le début d'un nouveau cycle historique.

En 1958, il est rappelé « aux affaires » pour clore le cycle de la IVe République et ouvrir le nouveau cycle de la Ve République.

Le 22 désigne une très grande imagination qui dépasse la compréhension. Cette imagination peut entraîner celui qui la possède vers le domaine des arts. Dans les dernières années de sa vie, le général de Gaulle a entrepris une œuvre littéraire en écrivant ses mémoires.

*** Le 4 - L'Empereur (page 26)**

Le 4, c'est l'empereur. Il représente l'autorité, la volonté, l'amour de créer et de dominer. Cette lame peut annoncer des dispositions pour une carrière politique.

*** Le 11 - La Force (page 40)**

Force physique et force intérieure. Réussite intellectuelle. Succès dans le travail. C'est par l'intelligence que les projets aboutissent à des succès.

*** Le 2 - La Papesse (page 22)**

La Papesse est la lame du mystère et des choses cachées. Le général de Gaulle a été le chef de la Résistance, de la guerre secrète et de « l'armée de l'ombre » durant l'Occupation. La Papesse désigne une intelligence fertile, patiente et intuitive. Elle symbolise la dualité, l'unité qui recherche son complément et son opposition. L'unité de la France a été préservée par De Gaulle avant la réalisation de son « complément » en supprimant « l'opposition » du gouvernement de Vichy par la Libération. Conciliation des contraires.

*** Le 18 - La Lune (page 54)**

Imagination et création. Dans le cas de De Gaulle, cette imagination est renforcée par le 22. Les cycles naissent dans l'obscurité de la nuit.

*** Le 9 - L'Ermite (page 36)**

Tel l'ermite cheminant seul, De Gaulle a toujours été plus ou moins seul dans ses décisions. Pour atteindre le but recherché, le chemin à parcourir sera long, mais le résultat est certain. Deux périodes : celle de l'occupation de la France par les Allemands et de la préparation de la Libération, celle dite de « la traversée du désert » avant le retour au pouvoir et la création de la Ve République. La combinaison du 22, 1 8 et 9 marque le goût pour les études, la lecture et les écrits.

*** Le 15 - Le Diable (page 48)**

Caractère passionné. De plus, le 15 caractérise le goût du risque. Le 15 est toujours en relation avec la matière. La philosophie et la politique de De Gaulle aboutissent à des réalisations concrètes et matérielles.

* **Le 6 - L'Amoureux (page 30)**

Ce nombre symbolise le face-à-face avec un choix important. Ce fut le cas de De Gaulle tout au long de sa vie. Citons son départ en Angleterre alors qu'il était membre du gouvernement, son choix à propos de l'Algérie, sa décision de démissionner, etc.

Celui qui connaît ce que révèle sa date de naissance possède la première clé qui le conduira à la connaissance de lui-même.

Les indications et les avertissements sont autant d'éléments qui lui permettront de mieux profiter de ses chances, puisqu'elles lui sont connues, et de se préparer à maîtriser tout ce qui lui est révélé de désagréable ou de négatif. Rien de tout cela n'est à négliger ni à subir passivement.

Nous avons constaté qu'un travail sur soi, basé sur des techniques de respiration, de relaxation, de méditation, etc. crée une maîtrise des tendances et des pulsions, permettant de les dépasser et même les inverser [4].

Un personnage religieux et mystique au comportement exemplaire, et que nous connaissons bien, a réussi ce renversement des tendances et des pulsions.

Parmi les nombres de sa date de naissance, le 15, très fort, révèle la matérialité, le caractère coléreux, les pulsions violentes, la sexualité, etc. Cet homme jeune et « initié » a utilisé le symbolisme du 11 pour dompter, apprivoiser la puissance de ses pulsions. En fait, par son travail sur lui-même, il est parvenu à transformer le 15 en 11, ce qui représente une évolution et une victoire peu ordinaires.

---

4 Pour entreprendre un « travail sur soi » ou développer les résultats d'un travail en cours, Charly Samson et Kamina Brochka animent des stages à Montpellier, tels que : Magnétisme et sophromagnétisme - Voyance, perceptions extrasensorielles, boule de cristal - Maîtrise dynamique du mental - L'interprétation des rêves - Tarots initiatiques et divinatoires - numérologie - Connaissance profonde de soi. Renseignements : 9, rue Lapérouse 34970 Lattes - mail : utn@wanadoo fr

2 - Par quatre nombres

Nous retrouvons les mêmes possibilités que celles que nous avons examinées par le tirage de quatre lames (Tirage en croix).

Nous savons que c'est l'inconscient qui guide la main du consultant et lui fait « choisir » une carte plutôt qu'une autre. Ici, l'inconscient intervient encore plus directement.

Demander à la personne de citer spontanément et sans réfléchir quatre nombres compris entre 1 et 22. L'ordre dans lequel ces nombres sont cités correspond à l'ordre d'un tirage.

Chaque nombre représente la lame du Tarot à laquelle il correspond. En visualisant cette lame, tous ses symboles, toutes ses significations apparaissent instantanément.

Il sera possible également de visualiser la lame de synthèse. L'interprétation est alors identique à celle d'un tirage en croix.

L'analyse de quatre nombres est utile lorsqu'une question est posée hors de la présence de l'intéressé, par exemple lors d'une communication téléphonique.

3 - Par d'autres méthodes

Autour de nous, tout est nombre et cette « foule » de nombres vibre et diffuse de puissantes énergies vers les êtres, les choses, les lieux et les événements.

Cette « Numërologie des Tarots » peut être diffusée de plusieurs autres façons. Nous l'avons publiée en la plaçant « à la portée de tous ». **Voir notre livre** *Cours complet de numérologie* - **éditions Trajectoire**.

Cette progression comporte une étude toujours plus poussée du symbolisme et un travail sur soi qui développera toutes les perceptions extra-sensorielles. Alors s'harmoniseront l'état de sérénité, le savoir qui dépasse l'intellect, la connaissance inscrite au plus profond de l'inconscient, l'intuition et l'inspiration véhiculées par une médiumnité sans cesse développée.

Les nombres qui sont attachés à chaque élément de la création depuis l'infiniment petit jusqu'à l'infiniment grand ne sont jamais le fruit du hasard.

Comme les dates de naissance, ou ceux qui jaillissent spontanément de l'inconscient, d'autres nombres vibrent avec nous : nom, prénom, adresse, ville, pays, etc.

Par exemple, des initiales représentent déjà une somme de symboles et de vibrations très significatives. Elles peuvent compléter utilement l'analyse de la date de naissance et révéler les différences qui marquent des personnes nées le même jour.

Dans certains cas, ces initiales dépassent le personnage et dévoilent des aspects liés à son époque et à ses actions. Citons un seul exemple en rapport avec des événements mondiaux. La lame 8, la Justice, représente un personnage armé d'un glaive qu'il tient de la main droite. Cette justice symbolise l'ordre et l'organisation. Oui, mais quel ordre et quelle organisation au service de quelle « justice » ?

Nous avons rencontré ce 8 dans l'analyse de la date de naissance d'Hitler. Mais, de plus, son initiale, le H, est la huitième lettre de l'alphabet.

C'est le glaive d'une « certaine justice » qui, par intolérance et sectarisme, punit cruellement ceux qui ne se soumettent pas à ses lois.

Le prénom Adolf, c'est l'initiale A, première lettre de l'alphabet. Elle annonce un commencement. L'avènement de ce dictateur a effectivement marqué le commencement, l'avènement d'une nouvelle période de l'histoire de notre civilisation oü tout s'est accéléré sous le signe du glaive et de l'ambiguïté de la lettre H, donc du nombre 8.

Je me souviens d'une étude faite au début des années 1950. Cette étude confirmait la présence du 8 dans les grands événements qui allaient nous concerner après la tragédie de la Deuxième Guerre mondiale.

Cependant, ce ne serait plus le commencement, mais la suite, et le 2 allait succéder au 1, donc le B au A.

Le 2, le B, c'est la Papesse, lame des dissimulations, des hypocrisies, des contradictions et des choses cachées. Examinons tout cela en rapport avec les personnages qui ont été au premier plan de l'évolution de l'Afrique du Nord.

* **Maroc** : H A S A N il (2 - B).

Prince héritier en 1957. 1 + 9 + 5 + 7 = 22.

Roi en 1961. 1 + 9 + 6+1 = 17 = 8.

* **Tunisie** : Habib BOURGUIBA.

Premier président de la République en 1957. 1 + 9 + 5 + 7 = 22.

* **Algérie** : Hoari BOUMÉDIÈNE.

Président de la République en 1 965.

C'est en 1 966 qu'il installa un régime militaire qui provoqua de violentes oppositions. Il réduisit ces oppositions au silence en 1 966.

1 + 9 + 6 + 6 = 22.

Et la forte emprise du H semble toujours s'exercer sur des chefs d'État importants. En 1957, en Irak, un militaire entreprend une carrière politique. Il s'appelle Saddam HUSSEIN.

1957. 1 + 9 + 5 + 7 = 22.

La numérologie des Tarots s'applique à tous les êtres et à tous les événements. Différente mais complémentaire de la numérologie classique, elle est plus concrète car elle s'appuie sur la visualisation quasi spontanée des lames que représentent les nombres, de leur symbolisme et de la richesse des interprétations quelles nous inspirent.

CONCLUSION

La numérologie des Tarots ne figurait pas sur la première édition de ce livre, Les Tarots à la portée de tous. Kamina venait seulement de la mettre au point. Pour la faire connaître, nous avons souhaité lui donner une appellation qui nous paraissait plus agréable : « Les 22 rayons de la divine lumière ».

Ce titre indique que la lumière provient des 22 lames du Tarot et rappelle que les deux premières syllabes du mot divination sont : di et vin ; « divin ».

Lors de notre voyage en Égypte en 1993, nous avons rencontré une personne qui s'intéressa à nos travaux sur les arts divinatoires. Elle fut particulièrement sensible à la « numérologie des Tarots » et nous offrit une étrange révélation. Fayza nous emmena dans un temple très étendu et assez sombre. Au fond d'une vaste pièce, elle nous arrêta devant une ouverture au plafond laissant pénétrer la lumière. Sous cette ouverture, il y avait la représentation du dieu-soleil d'où descendaient des rayons qui aboutissaient dans les mains d'un pharaon. Et ces rayons étaient au nombre de 22.

Lorsque notre livre fut réédité en avril 1995, nous y avons ajouté « Les 22 rayons de la divine lumière ».

En terminant cette partie consacrée à la divination, nous tenons à insister une fois de plus sur l'importance que représente une consultation de voyance pour la personne qui la demande.

Le voyant doit être conscient de sa responsabilité. Sa compétence ne suffit pas pour apporter l'aide qui lui est demandée, d'autres qualités sont indispensables.

Nous incluons ici un texte que Kamina Brochka a plusieurs fois publié et qu'il est toujours utile de rappeler :

LE RÔLE SOCIAL DU VOYANT

Le fait d'annoncer des événements futurs confère au voyant un certain prestige, mais surtout une grande responsabilité. Celui qui l'interroge attend une réponse à ses questions et parfois à ses angoisses. Cette réponse va l'influencer et cette influence doit toujours s'exercer dans le bon sens.

Il ne s'agit pas de répondre en fonction des désirs du consultant, même si celui-ci n'est venu que pour entendre ce qui lui convient. Le voyant doit loyalement exprimer ce qu'il voit et ce qu'il ressent. Encore faut- il qu'il soit compétent, qu'il sache s'exprimer clairement, qu'il ne se contente pas de prédire, mais qu'il ait le désir d'apporter son aide.

Pour la personne qui subit une solitude, quelle soit totale ou seulement morale, le voyant devient le confident, celui à qui il est possible de parler de soi, celui qui sait écouter et rassurer. Il ne faut surtout pas la décevoir, car ce serait la rejeter dans une situation aggravée qui lui ferait courir davantage de risques.

Dès le Moyen Âge, une réponse avait été donnée à ces situations dont certaines confinent au désespoir. L'Église, autorité la plus reconnue et respectée, savait que les gens se sentaient seuls car il leur était difficile de communiquer librement avec les autres, par crainte qu'ils retirent une supériorité ou des profits des faiblesses avouées. Elle savait aussi que beaucoup se culpabilisaient et ne parvenaient pas à retrouver la confiance en eux-mêmes, la sérénité et le dynamisme. Alors, l'Église avait imaginé une psychothérapie qui s'appelle la confession. Le prêtre savait écouter, répondre et conseiller. Enfin, il rassurait celui qui se culpabilisait en effaçant ses fautes, à la condition qu'un effort soit accompli (la pénitence) pour repartir à zéro dans de bonnes directions.

Aujourd'hui, notre XXIe siècle n'a rien arrangé. Malgré les agitations, les précipitations et les tumultes de la vie quotidienne, malgré les foules et les cohues, malgré l'existence d'une multitude de moyensde communication, bien des gens se sentent seuls, isolés et ignorés. Autant qu'au Moyen Âge, c'est une société d'égoïsme, d'exploitation et de violence qui fait se développer la prudence et la méfiance, jusqu'au manque de confiance en soi. Pour de multiples raisons, les pratiques religieuses de nos ancêtres

n'ont plus cours ou sont devenues plus rares. Les besoins profonds restent identiques et nos contemporains se tournent vers le psychologue ou le voyant. Ce dernier possède une renommée justifiée depuis les époques les plus lointaines et dans toutes les régions du globe.

Compétence et sincérité

Lorsqu'une personne pénètre dans un cabinet de voyance, il doit se créer une atmosphère qui se détend au fur et à mesure que se déroule la consultation. Dès les premiers instants, « le véritable voyant » ressent comme une image psychique de cette personne qu'il se garde bien d'interroger. Faire parler le consultant est ce dont il se méfie, car c'est l'attitude du voyant qui n'a rien à dire. Cette « voyance directe », ce ressenti, va être complété par un support qui peut être les cartes, le Tarot, la boule de cristal, ou tout autre.

Parfois, certains ont besoin d'entendre parler de leur passé, pour que s'instaure la confiance nécessaire. Dans ce cas, il convient de ne pas s'y attarder. Le consultant n'est pas venu pour cela. Son passé, il le connaît et il est bon de ne l'évoquer que pour éclairer l'avenir.

Ensuite, c'est la consultation profonde à laquelle il faut consacrer tout le temps nécessaire pour traiter tous les sujets de préoccupation : santé, profession, amour, famille, études, etc. Faire comprendre à l'autre qu'il reste trop longtemps serait affaiblir sa confiance et les possibilités de l'aider.

Le voyant doit connaître les limites de sa compétence et ne pas vouloir « se dépasser » en annonçant, par exemple, des dates précises, alors qu'il doit savoir que la voyance ne maîtrise pas le temps. Il doit être maître des ses intuitions et de sa médiumnité, ainsi que des supports qu'il utilise. Ces supports lui révèlent des symboles qui sont à interpréter. Une interprétation fausse entraîne une prédiction fausse, alors que la voyance pouvait être juste.

Compétence et sincérité ; deux qualités indispensables qui offrent au consultant un apaisement certain, quelle que soit sa situation, car, même inconsciemment, il s'en rend compte.

Il est évident qu'acquérir la compétence nécessite «un vécu» et « un travail » permanent pour maîtriser cette intuition - qui peut être qualifiée

de médiumnité. Elle jaillit spontanément, puis se fixe et se développe par l'utilisation d'un « support ». Celui-ci, quel qu'il soit, nécessite un « travail technique » qui s'ajoute à une mise en condition par un état de sérénité psychique et physique.

Au-delà de la prédiction

C'est seulement lorsque sa compétence donne au voyant la possibilité de dire ce qu'il voit et ce qu'il ressent que vient le moment où il utilisera sa psychologie. Il ne s'agit pas d'une psychologie universitaire, mais d'une psychologie pratique qui va tenir compte de la personnalité du consultant pour déterminer la façon de lui annoncer des événements heureux ou fâcheux. Le voyant se trouve alors dans la position d'un médecin qui vient d'établir un diagnostic. Comment va-t-il annoncer son état à un malade dont la vie est en danger ? S'il s'agit d'un malade qui a le désir de vivre, il ne s'exprimera pas comme lorsqu'il s'agit d'un malade qui va se désespérer et « baisser les bras » devant la gravité de la maladie.

Compétence, sincérité et expression de la prédiction sont les trois dimensions de la consultation de voyance.

Mais celui qui se dit voyant ne peut, à mon sens, exercer cette activité que s'il possède un véritable esprit humaniste, s'il aime les autres et s'il est convaincu de son « rôle social ».

Une prédiction doit apporter une aide à celui qui la reçoit.

Voir des difficultés à affronter n'est pas suffisant, encore faut-il placer le consultant dans les meilleures conditions pour les aborder et pour les vaincre. Le voyant est le mieux placé pour déceler les solutions possibles et pour les étudier avec l'intéressé qui, aveuglé par ses craintes, risque de ne pas les découvrir. La confiance en soi est un sentiment que le voyant peut faire renaître chez celui qui l'a perdue. Trouver ou retrouver la confiance en soi offre de meilleures conditions pour faire face.

Le voyant ne va certainement pas changer l'avenir, mais il va libérer le libre arbitre du consultant pour en atténuer les conséquences. Prenons un exemple tout simple. Imaginons un voyant qui dit à son consultant : « Vous êtes venu à vélomoteur et, sur le chemin que vous allez emprunter de nuit pour rentrer chez vous, il y a un trou sur la route. » Le trou sera là, mais le consultant informé pourra faire agir son libre arbitre pour rouler lentement et avec vigilance afin d'éviter le trou.

Dans des cas contraires, certains n'ont pas conscience des chances qui leur sont offertes et qu'ils risquent de « laisser passer ». Le voyant, après les avoir révélées, leur donnera les moyens d'en profiter.

C'est là le rôle social du voyant dont les prédictions seront suivies d'une action positive en faveur du consultant. Il doit agir modestement, sans s'octroyer une dimension qui ne serait que vanité.

Il faut craindre et éviter ceux qui affichent ce qu'ils appellent « leurs dons » pour annoncer des événements à des personnes qui ne leur demandent rien, ou encore ceux qui s'entourent de décors aussi grotesques que stupides pour tenter d'impressionner leurs consultants. Ceux-là risquent d'entraîner des personnes qui sont dans la peine vers des situations qui ne serviront que les intérêts de ces pseudo-voyants dont les méthodes, très répandues aujourd'hui, sont à dénoncer.

C'est souvent l'information saine qui fait défaut.

LES TAROTS
pour
LE DÉVELOPPEMENT PERSONNEL

Le Tarot nous a offert son universalité dans les deux premiers niveaux de lecture que nous venons d'aborder.

Nous avons tout d'abord constaté que les 22 lames majeures nous présentent tout ce qui peut arriver dans la vie d'un être. L'existence de chacun est révélée par ces images et leurs symboles qui constituent « les tarots divinatoires ».

Le deuxième niveau de lecture nous a fait prendre conscience de l'universalité du symbolisme qui englobe l'espace géographique mais aussi le temps qui se transforme en un « présent éternel ». Nous avons abordé ce symbolisme qui nous invite à méditer sur chacun de ses éléments afin d'approfondir les liens qui unissent tout ce qui constitue notre univers. Nous allons dépasser « la divination » et harmoniser notre existence aux grands principes du cosmos.

Avec cette troisième partie dont le nombre trois, symbole de réalisation, signifie que c'est « notre réalisation » que nous allons entreprendre, nous pénétrons dans les 22 chemins initiatiques des 22 lames majeures. Ce sera un long et difficile cheminement, mais il est « à la portée de tous ».

La réalisation est encore loin. Nous devrons évoluer patiemment d'étape en étape et, par un travail personnel, transformer notre Savoir en Connaissance. Nous devrons sans cesse « nous adapter », confirmant ainsi la phrase d'Hermès Trismégiste que cite la Table d'émeraude : « Toutes choses sont nées de l'unité, par adaptation. » Progressivement, nous prendrons conscience des réalités non apparentes. Et puis, des significations deviendront des « ressentis ». Notre développement personnel nous révélera le Grand Livre de la Vie et, en le découvrant, nous parviendrons à mieux nous connaître.

Nous suivrons une voie d'évolution vers la Sagesse avec une intelligence éclairée. Nous obtiendrons des réponses, tandis que de nouvelles questions apparaîtront, car c'est toute la science sacrée venue de la nuit des temps qui défilera en nos mains avec sa parfaite connaissance de l'homme et de l'univers dans leur absolue totalité.

Notre Cheminement à partir du symbolisme et à la portée de tous.

Nous allons nous intéresser successivement à chacune des 22 lames sans perdre de vue que toutes les lames sont liées et que le Tarot est un tout. Chaque lame représente également « un tout » constitué des symboles dont chacun porte en lui-même ses multiples sens. Pour que ce cheminement soit parcouru dans les meilleures conditions, il est important que tous ses éléments soient parfaitement compris, intégrés et ressentis. Nous éviterons les commentaires susceptibles d'alourdir les explications indispensables afin de rester « à la portée de tous ».

Nous retrouverons et approfondirons des sujets déjà abordés dans la divination. Les interprétations du symbolisme n'ont pratiquement pas de limites.

Alors, avant d'entreprendre ce cheminement, il est utile de se familiariser avec le monde des symboles.

Dans ses trois syllabes, le mot « symbole » dissimule toute la puissance de l'imaginaire, mais d'un imaginaire vivant, actif et en constante évolution. Nous vivons dans un monde de symboles et un monde de symboles vit en nous. Mais nous vivons aussi à l'intérieur du symbole qui vit en nous, au-delà de toutes les apparences, pour faire une nouvelle unité.

Par le symbolisme, l'imagination est devenue sœur de la raison. Quelques éléments ont permis cette évolution relativement récente qui ne permet plus d'affirmer que l'imagination est la folle du logis :

- la confirmation par la science des « folles idées » d' écrivains de fiction qui, comme Jules Verne et bien d'autres, avaient imaginé le sous-marin, le voyage sur la Lune, la transmission d'images à distance, etc.

- les travaux et découvertes en psychologie et en analyse des rêves où des « archétypes » correspondent à certains symboles ;

- l'évolution de la pensée qui nous fait découvrir des réalités longtemps insoupçonnées dans les mythes antiques et la création de mythes contemporains ;

- l'importance que vient de prendre l'image dans la vie quotidienne.

Il est difficile d'expliquer ou de définir un symbole avec des mots qui sont incapables d'en exprimer la valeur. Il n'est pas possible d'en citer toutes les significations car elles sont multiples et ambivalentes. Chacun de nous peut « ressentir » encore des significations supplémentaires et différentes. Les significations habituelles deviennent des stimulants qui nous aident à découvrir d'autres sens.

Pour interpréter un symbole, toute notre culture intervient : la connaissance des mythologies, les dictons populaires, les religions, la science, etc. La culture dans son ensemble est complétée par la personnalité de chacun.

Ne nous arrêtons jamais à « une » signification traditionnelle qui n'est qu'un point de départ. À notre savoir, ajoutons notre imagination et nos intuitions. Nous devons considérer chaque symbole comme une entité vivante avec laquelle nous pouvons être en résonance et même en syntonie, ce qui signifie « en identité de vibrations ».

Cette « gymnastique de l'esprit » interviendra spontanément, activera notre imaginaire et développera nos possibilités d'interprétation, nous permettant de découvrir les liens qui unissent les symboles ou leurs oppositions.

Le symbole est un signe concret

évoquant quelque chose d'absent

ou d'impossible à percevoir par nos sens.

Nous pouvons comparer le symbole à la masse imposante de la glace d'un iceberg qui navigue en surface. Cette masse apparente nous indique que sous la surface de l'eau se cache dix fois plus de volume de glace.

Le secret du visible est dans l'invisible.

Le visible ne contient qu'une infime partie d'une réalité pas toujours compréhensible.

Visible = rationnel - invisible = irrationnel.

Le symbolisme est le langage de l'irrationnel qu'il place à notre compréhension dans une logique qui se situe au-delà du raisonnement. Il faut voir et ressentir « autrement ».

- Les Égyptiens citaient « l'intelligence de lame ».

- Rabelais : « Il faut rompre l'os et sucer la substantifique moelle. »

- Saint-Exupéry : « On ne voit bien qu'avec le cœur, l'essentiel est invisible pour les yeux. » - Saint Bernard : « Pensez-vous que vous ne puissiez sucer le miel de la pierre, l'huile du rocher le plus dur ? »

Nous pouvons ajouter que la matérialité n'est qu'une apparence dont la logique trompeuse est démentie aujourd'hui scientifiquement par la physique quantique. Au-delà de ce qu'il représente, le symbole seul donne accès à la réalité totale.

Il permet aussi de retrouver ce qui a été perdu. Il est un langage universel qui, à l'origine, a fait séparer en deux parties un élément volontairement cassé. Après la séparation qui a conservé le secret, la réunification a illuminé la totalité à l'instant des retrouvailles. Cette idée a été utilisée pour créer un moyen de reconnaissance. Elle confirme la notion d'absence et d'invisible.

Nous avons cité « l'archétype » qui est une signification collective et traditionnelle. Il est un « centre chargé d'énergie » rassemblant de très nombreuses expériences traduites par des images ou par des thèmes ayant valeur de symboles. Les archétypes sont présents à toutes les époques et dans toutes les civilisations. Citons en exemples : le dragon, l'arbre de vie, le héros sauveur, la déesse mère, le passage étroit, la descente aux enfers, etc.

Dans notre « cheminement initiatique », nous allons observer tous les symboles de chaque lame. Dans cette étude, nous constaterons qu'il n'y a pas des lames bonnes et d'autres mauvaises. Elles sont toutes ambivalentes. Nous rencontrerons des personnages, des objets, des constructions, des planètes et des idées qui sont toujours des symboles. Un peu comme dans le conte Les Mille et Une Nuits, nous vivrons dans « une histoire à tiroirs » dans laquelle chaque épisode est étroitement lié à celui qui le précède et à celui qui le suit. Ces épisodes, donc ces lames, sont tous en interdépendance et constituent un Tout.

La succession des lames raconte l'histoire de l'être humain, du monde dans lequel il vit et tout ce qui peut intervenir. Les Nombres sont au premier plan de ce symbolisme. Ils sont accompagnés des lettres hébraïques, des arcanes de l'alchimie, des signes de l'astrologie et de toute la connaissance ésotérique.

Les couleurs ajouteront leur valeur vibratoire et symbolique à chacun de ces éléments. Selon l'édition que nous utiliserons, ces couleurs, même des éléments parmi les principaux, ne seront pas toujours indiquées. Nous devrons les reconstituer, les imaginer, ce qui au début n'est pas facile.

Aussi est-il conseillé de travailler en utilisant les lames d'un « jeu » où la plupart des détails sont apparents et bien représentés.

Pour nous, c'est le **Tarot d'Oswald Wirth** qui est le plus complet en ce qui concerne le graphisme, la représentation des symboles et des couleurs. Il est également intéressant de faire suivre en même temps un autre jeu, par exemple un Tarot de Marseille dont les couleurs des images sont le rouge et le bleu. C'est ainsi que nous procédons dans nos stages afin d'entraîner les participants à connaître, pour pouvoir les reconstituer en les imaginant, la totalité des symboles.

En voyageant sur ce chemin initiatique, nous serons en communion avec la Tradition qui nous vient de l'Égypte antique où les initiations se pratiquaient dans les écoles de mystères. Des textes nous sont parvenus qui décrivent ces rituels au cours desquels un voyage symbolique avait pour but de conduire le sujet vers une mort initiatique. Après cette « cérémonie », il renaissait symboliquement. C'était « la sortie à l'instar du jour » dans un nouveau personnage purifié qui lui avait permis de « tuer le vieil homme ».

Les 22 lames du Tarot nous offrent cette puissance symbolique. Elles nous conduisent par étapes de l'ombre à la lumière, dans un processus de développement personnel, vers une transformation semblable à une réelle transmutation.

Mais le chemin initiatique n'est pas une promenade confortable. Une fois entamé, il n'est plus possible de s'arrêter ; sinon, tout serait à recommencer. Il faut avancer lentement, sans précipitation, en assimilant la richesse de chaque étape et en ajoutant par le ressenti les trésors de la Connaissance aux compréhensions du Savoir qui déchirent devant nous les voiles des mystères sacrés.

LAME 1
LE BATELEUR

Le 1 est le commencement de toute chose : l'unité.

C'est un homme jeune. C'est le commencement de la vie qui est indiqué aussi par une petite fleur qui n'est encore qu'un bouton.

Ce bouton est rouge, ce qui symbolise l'activité. Le rouge est la vibration la plus basse qui peut aussi symboliser la passion jusqu'à la violence. Quand on entreprend quelque chose, il faut de l'énergie, du mouvement, de la passion et de la force. Mais tout cela doit être maîtrisé pour s'engager sur le chemin initiatique avec ténacité et patience.

Le personnage est souriant. À son allure, on voit qu'il est décontracté, mais son attitude précise indique qu'il est concentré sur l'action qu'il entreprend. C'est ainsi qu'il convient de s'engager sur ce chemin : décontracté mais concentré, dans une concentration sans effort. Il est important de bien intégrer cette situation psychique et physique qui ne contient pas de contradiction, mais une complémentarité. Lorsqu'il entre sur le stade, un sportif doit être décontracté, mais parfaitement concentré.

C'est dans cet état d'esprit qu'il convient de s'engager sur le chemin initiatique. On est toujours seul sur ce chemin ; seul, mais indépendant. On va être actif. On se prépare à réaliser et à créer, ce qui est une possibilité qui n'appartient qu'à Dieu. Mais on possède un immense potentiel qu'il faut connaître et apprécier. On vient d'un univers et on va en mettre un autre en mouvement ; comme l'a fait le « détonateur inconnu » qui a déclenché le big-bang. On ne peut plus rester inactif. Il faut agir, et, pour cela, il faut vouloir et il faut oser. Le Bateleur est en quelque sorte « le dieu du Tarot ».

Chaque lame du Tarot est numérotée et affiche un titre. Le personnage qui nous représente sur la première lame a ce nom : « le Bateleur ».

C'est un mot peu usité aujourd'hui et qui vient de l'ancien français : « baastel » qui signifie « tour d'escamoteur ». En fait, il s'agit d'un artiste forain qui exécute des tours acrobatiques ou se livre à des pitreries sur les places publiques. Il est un personnage de « théâtre », du théâtre de la vie. Au théâtre, on joue la comédie en se cachant derrière les personnages qu'on interprète.

Le Bateleur est un « illusionniste », un bonimenteur et un prestidigitateur qui peut être aussi un manipulateur. L'ambivalence apparaît avec la première lame. Ce magicien n'est pas qu'un « magicien de théâtre », mais un véritable magicien qui utilise les forces de la nature. Il indique que l'univers des apparences n'est qu'une illusion qui nous empêche de percevoir la réalité. Notre indépendance est illusoire car nous sommes les jouets de ces apparences qui sont produites par l'action de forces inconnues.

Le personnage est dynamique et intelligent, mais il ne révèle pas le fond de sa pensée.

TAROT imprimé à Épinal en 1830

Ses vêtements sont dominés par les couleurs rouge et bleu. Le rouge, c'est l'action et la force, et le bleu symbolise la spiritualité. C'est une invitation à concilier les contraires. Il est coiffé d'un chapeau à larges bords qui dessine un 8 couché (°°). C'est « l'oméga », le symbole de I infini, mais aussi de la pensée dynamique du personnage. La position des jambes et des pieds rappelle qu'il est nécessaire d'être bien positionné et en équilibre stable. Les souliers sont noirs, couleur du compost qui marque le début de l'œuvre alchimique. Le personnage est bien accroché à la terre.

Devant lui, une table dont on ne voit que trois pieds qui représentent un triangle. Cette forme géométrique formée de trois côtés est le symbole de la réalisation. Dans cette lame, il s'agit de la première réalisation. Elle évoque déjà la transmutation qui doit s'effectuer avec les trois principes alchimiques qui sont le soufre, le sel et le mercure (nous y reviendrons). C'est volontairement que la table nous est présentée incomplète avec trois pieds visibles. Ce quatrième pied que nous ne voyons pas, mais qui nous est suggéré, confirme que l'invisible est plus important que le visible. C'est ce quatrième pied qui assure l'équilibre. Le visible cache la réalité profonde comme le fait un iceberg. Nous devons trouver la force cachée qui est en nous, cette force qui va soutenir celui qui entreprend le parcours initiatique.

Sur la table du Bateleur se trouvent trois objets.

Il en tient un quatrième dans sa main. Il s'agit d'une baguette magique de couleur bleu argenté. Cette couleur est celle de la lumière de la lune, de l'intuition, de l'inspiration, de l'incertitude, des illusions et de l'immatériel. Le sommet de la baguette tourné vers le haut est rouge, alors que l'autre, vers le bas, est bleu. Ce bleu symbolise la spiritualité alors que le rouge représente la force cosmique captée par la baguette. Une transmutation s'opère qui transforme cette force puissante en une force spirituelle. Cette force est celle d'une couleur cachée. Lorsqu'on mélange le rouge et le bleu, on obtient le violet qui est la couleur du mystique ; à ne pas confondre avec le mysticisme. C'est cette dimension qu'il va falloir trouver au fond de soi dans l'action de la spiritualité.

La baguette indique vers la table la direction d'un objet que désigne la main droite du bateleur. Il s'agit d'un denier qui fait penser à un pentacle dans lequel apparaît une croix. Le doigt du Bateleur désigne le centre de la croix, ce qui signifie qu'il faut trouver « son centre ». Nous trouvons là une nouvelle conciliation des contraires avec ce denier, symbole de la matière, qui est de forme ronde, symbole du spirituel. Transmuter la matière pour la spiritualiser, c'est effectuer une transmutation vers laquelle aspire pour lui-même celui qui entreprend la quête initiatique.

Sur la table est posée une épée. Elle a deux tranchants, l'un vers le haut qui représente l'esprit et l'autre vers le bas qui représente la matière. Elle a également la forme d'une croix avec son montant vertical et

spirituel et son montant horizontal et matériel. Entre les deux, il va falloir trancher pour trouver l'équilibre dans ce cheminement qui peut avoir l'allure d'un combat ; d'un combat contre soi-même.

Enfin, le troisième objet est un vase, ou une coupe. Il évoque le Graal qui contient la vie dans ce breuvage symbolique. Pour l'alchimie, c'est l'élixir de longue vie, tandis que pour les légendes de la quête du Graal, il s'agit du sang de Jésus, du sang divin recueilli au pied de la croix. Selon les légendes qui accompagnent la quête du Graal, cette coupe doit être de couleur verte. Pour bien ressentir ces éléments : la coupe, le liquide, les rapports du rouge et du bleu, il est utile de se pencher sur cette très importante légende qui les rassemble. Nous les présentons en un encadré que vous pourrez consulter quand bon vous semblera au cours de votre cheminement.

LE VERT CONTIENT LE ROUGE

Cette petite phrase est en relation avec les plus anciennes légendes qui se succèdent sur ce thème depuis des millénaires.

Dans l'Égypte antique, « la vie » était présente dans le cosmos sous l'apparence d'un rayon vert, avant son apparition sur la Terre. Quand elle décida d'y venir, elle se plaça dans le sang d'un chat et c'est ce petit animal qui amena la vie sur notre planète. Le vert et le rouge sont à l'origine de la vie et le chat Ta véhiculée. Aussi le chat fut-il considéré comme un animal sacré en Égypte où il fut souvent momifié comme le furent les plus grands personnages.

Que le vert contienne le rouge est une évidence lorsque nous observons un bouton de couleur verte qui fait apparaître le rouge lors de l'éclosion d'une fleur.

Une autre grande légende nous offre cette même idée. Il s'agit de la légende du Graal. Elle débute avec les temps légendaires d'un très lointain passé qui, dans toutes les cosmogonies, fait état de combats gigantesques opposant dans le cosmos les forces du bien aux forces du mal.

Pour notre civilisation, c'est la lutte des bons anges contre les mauvais anges. Ces derniers avaient pour chef Lucifer, le porteur de lumière. Il avait été banni pour avoir tenté d'apporter la Connaissance à I humanité qui n'était pas prête à la recevoir. Lucifer utilisait une arme redoutable, une pierre verte qui ornait son front. Pouvons-nous nous risquer à la comparer à un rayon laser ? Les armées de Lucifer furent vaincues et, dans la bataille, la pierre verte tomba sur la Terre. Débute alors une « histoire à tiroirs » dont le symbolisme est extrêmement riche. Le vase a-t-il été placé dans l'Arche d'alliance dont il a assuré la puissance scientifique et militaire ?

La pierre retrouvée va de mains en mains pour aboutir chez un nommé Simon qui la creuse et en fait un vase. Cela se passe à Jérusalem où elle se retrouvera sur la table des apôtres, utilisée par Jésus lors de la Cène. Ainsi ce vase de couleur verte va-t-il contenir le précieux liquide lors de la sublime transmutation alchimique qui transforme le vin en sang. Lorsque Jésus est arrêté, un soldat romain s'empare du vase qui est présent sur le Golgotha et reçoit le sang qui coule de la plaie de Jésus crucifié. Pour se faire bien voir, un soldat romain offre ce vase au gouverneur Ponce Pilate. Un ami de Jésus, le riche armateur juif Joseph d'Arimathie, qui entretient de bonnes relations avec Ponce Pilate, lui propose de prêter son tombeau pour ensevelir le Christ crucifié. Pilate accepte et lui offre le vase en signe d'amitié. Cet homme voyage beaucoup et des légendes signalent ensuite sa présence en Gaule et en Angleterre. Où a-t-il transporté ou caché le vase qui désormais prend le nom de Graal ?

De multiples textes et de nombreuses légendes du Moyen Âge racontent « la quête du Graal » dans des récits qui sont de merveilleuses histoires symboliques.

Mais le vase vert a surtout contenu la vie, le sang divin. Le Graal prend une autre signih'cation. Il devient dans la recherche spirituelle et initiatique la divinité qui est présente dans chaque être humain et qu'il faut trouver en soi pour se réaliser

Chacun peut entreprendre sa quête du Graal et le retrouver au plus profond de son être...

Nous revenons sur les objets qui sont sur la table du Bateleur ; une table qui est de couleur ocre pour symboliser son appartenance à la vie humaine.

Nous y trouvons les quatre éléments de la nature.

LA TERRE - Le denier est le premier objet que désigne le Bateleur. Le denier symbolise la vie matérielle, la monnaie et le commerce. Elistoriquement, le denier est une pièce de monnaie qui avait cours à

l'époque de Jésus. L'Évangile indique que Judas a trahi pour 30 deniers. Ce fut ensuite une monnaie française équivalente à un douzième de sou. Sur cette table, il représente le pouvoir de l'argent à côté du pouvoir spirituel de la coupe et magique de la baguette.

Le denier est aussi l'aliment du jeu. Il correspond au carreau qui était un jeu se pratiquant sur le sol. Il était une sorte de pavé plat fait de pierre ou de terre cuite qui était utilisé pour jouer à la marelle, ce chemin initiatique tracé sur le sol.

Il est évident qu'il représente le premier élément : la terre, la matière.

La terre, c'est aussi le compost qui se trouve au début de l'œuvre de l'alchimiste ; ce compost d'où va naître la vie, la fleur la plus belle et même l'être humain.

Tout chemin initiatique débute par une descente sous terre, par un séjour dans la caverne, pour obtenir un appui indispensable. Depuis l'Antiquité, et encore aujourd'hui, les cérémonies d'initiation commencent par le passage du profane dans une caverne où il médite. Comment mieux illustrer la nécessité de se remettre en question, de réfléchir sur soi, qu'en vivant intensément ce passage symbolique au fond d'une grotte, d'un cabinet de réflexion, et au fond de soi-même ?

Cette « terre » et ce dessous de terre constituent un gigantesque réceptacle d'énergie. Il ne s'agit pas d'une énergie céleste, mais de l'énergie tellurique dont le rôle est très important dans les opérations magiques. Il s'agit de «la magie» de la vie qui est latente dans la mère qui la porte avant la naissance. Mais aussi de la caverne qui la porte dans « la re-naissance » de l'initiation. La terre, principe passif, est opposée au ciel, principe actif. Elle symbolise la substance universelle dont nous sommes faits et qui doit être fécondée par la pluie ou par le sang qui sont les deux semences du ciel.

Il a été dit : « La disposition quasi circulaire de la grotte, sa pénétration souterraine, l'en roulement de ses cou loirs qui évoque celui des entrai Iles humaines en ont toujours fait un lieu de choix pour les pratiques de sorcellerie. » Les grottes préhistoriques des peuples que nous appelons « hommes des cavernes » étaient probablement des « temples », des lieux où se pratiquaient des rituels magiques dont certains vestiges nous ont transmis des messages mal compris aujourd'hui. Le symbole universel de la terre considérée comme une matrice est à l'origine des Vierges noires qui nous viennent probablement du magdalénien, longtemps avant la chrétienté. Le denier souligne l'ambivalence et la conciliation des contraires par sa forme ronde.

Le Bateleur commence par « magnétiser » le denier, ce qui signifie que, pour donner, il convient d'abord de s'enrichir spirituellement et même matériellement.

Le denier constitue un excellent thème de méditation... tout comme les autres objets.

L'AIR - L'épée, le glaive ou la dague sont des symboles de l'air. L'épée fend l'air. Il faut être armé du glaive dans le combat de la vie, pour combattre l'erreur. Elle assure l'indépendance et la liberté du bateleur. Elle est « Excalibur » dans la légende du Roi Arthur. Par ses deux tranchants, elle indique la conciliation des contraires : puissance spirituelle et puissance matérielle.

L'air est un élément actif et mâle. Il est lèvent, le souffle, la vie donnée par le créateur à l'homme qui n'était que terre. La vie humaine commence par le cri de la première respiration et se termine par le dernier soupir. L'air, c'est la vie invisible qui participe aux cycles de la nature. Il pousse les nuages que le feu du soleil a créés par l'évaporation des eaux des océans pour les transporter au-dessus des terres que la pluie féconde.

Comme le denier avec la terre, l'épée avec l'air constitue un thème de méditation.

L'EAU - Le vase est le réceptacle qui contient le liquide. Le vase contient l'élément liquide comme le fait notre corps, puisque l'être humain est composé de plus de 70 % d'eau.

L'eau est source de vie et de purification. On lave et on se lave avec de l'eau sur le plan matériel. Mais l'eau réalise une purification spirituelle par le baptême et les ablutions.

L'eau contient une force ambivalente car elle peut aussi détruire, noyer, tuer. Cette source de vie dans l'Ancien Testament est devenue le symbole de l'Esprit dans le Nouveau Testament. La Genèse commence par ces mots : « L'Esprit de Dieu planait sur la face des eaux. »

Les sources ont toujours été des lieux de cultes. Vénérée autant que redoutée (le Déluge), l'eau contient dans son symbolisme celui du sang. Ce sang, c'est le sang céleste associé au soleil et au feu, mais aussi le sang menstruel associé à la Terre et à la Lune.

Comme les précédents, le vase, le Graal et l'eau sont des thèmes de méditation.

LE FEU - Le liquide de vie que contient le vase est celui que contient le Graal. Comme l'eau, il purifie par l'action du feu. Il peut être le sang humain, mais il est surtout le sang alchimique, celui qui, par l'action conjuguée du soufre, du sel et du mercure (trois grands symboles), fait monter en nous cette énergie primordiale qui nous active et offre à notre corps une température d'environ 37 °C. Le feu qui s'obtient par frottement est également un symbole sexuel. Les alchimistes du Moyen Âge disaient du soleil qu'il est le feu-lumière et la représentation de Dieu qui maintient la vie sur notre planète. Comme le soleil, le feu est par ses flammes l'action fécondante, purificatrice et illuminatrice. Mais, par son ambivalence, il peut brûler, dévorer et détruire. Citons : les armes à feu, le feu des passions.

Méditer sur le feu, c'est méditer sur le soleil, la lumière et la vie.

Ainsi, surlatabledu Bateleur, nousavonsvu les symboles correspondant aux quatre éléments de la nature ; ces éléments que nous devons dépasser, mais sans les rejeter. Nous devons dépasser la nature, notre nature, et entamer notre développement personnel jusqu'à notre réalisation. Du quatre, nous passerons au cinq, dans la quintessence qui spiritualise les quatre éléments. Cette évolution est indiquée par les cinq boutons qui, sur le vêtement du bateleur, semblent s'élever depuis la surface de la table.

Il est utile de rappeler que tous les éléments qui apparaissent sur chaque lame du Tarot ont valeur de symboles et participent à notre évolution si nous ne les négligeons pas.

Dans ce livre, nous n'approfondissons pas totalement tous les thèmes qui se manifestent à partir de ces symboles. Chacun pourra aller plus loin dans ce cheminement qui ne finit jamais.

Par exemple, il faut savoir que chaque lame du Tarot correspond à une lettre hébraïque et se trouve en harmonie avec la Kabbale. À titre d'exemple, nous ne citerons que la lame du Bateleur.

La lettre hébraïque du Bateleur est ALEPFL

Dans la Kabbale, la signification d'Aleph correspond parfaitement à la lame 1 des Tarots. Elle est, dans sa puissance universelle, l'unité et le principe originel créateur d'où rayonne la pensée pure.

Aleph est le germe de toutes les futures pensées car elle est l'individualisation de cette étincelle divine qui permet à la création de se perpétuer.

Cette première lettre constitue le point de départ libre d'une initiative qui ne peut être que personnelle d'un « moi » absolument conscient. On dit aussi que le 1, c'est le centre qui est partout.

À propos de ce « centre qui est partout », citons la boutade de Salvador Dali qui avait affirmé : « La gare du Perpignan est le centre du monde. » Quand il était sur ce lieu qui lui était familier, il ressentait que le monde était tout autour de lui. Il en est de même pour chacun de nous. Où que nous soyons, le monde est autour de nous et à chaque instant nous sommes le centre de « notre monde ».

Mais, ce qui est remarquable, et ne peut être une coïncidence, c'est la ressemblance qui existe entre le dessin d'Aleph et la position du Bateleur, il nous paraît utile de préciser que la main gauche tournée vers le haut pour capter les énergies cosmiques et la main droite vers le bas pour les transmettre ou se nourrir de celles de la Terre est une position que l'on rencontre dans des circonstances particulières.

Par exemple, les « derviches tourneurs », issus de la très

ancienne spiritualité des soufis, tournent toujours dans cette position...

Des symboles inattendus sont répartis tout au long des 22 lames du Tarot. Nous ne les étudierons pas d'une façon exhaustive et vous ne finirez pas d'en découvrir.

Pour en terminer avec le Bateleur, citons l'analogie qui peut être imaginée entre la baguette de ce personnage et le bâton qu'on appelle « le brigadier » dans les théâtres.

Ce personnage qui tient « un bâton » à la main exhibe cet emblème de commandement. Il correspond au sceptre du roi, à la crosse de l'évêque, au bâton de maréchal, à la baguette du chef d'orchestre, etc. Le Bateleur s'affirme comme étant le chef ; c'est lui qui dirige. C'est lui qui va faire se lever le rideau du théâtre de la vie, dont il sera l'animateur.

À une époque assez récente que nous avons connue, les théâtres dits « à l'italienne » installaient un grand rideau qui séparait la scène de la salle et du public. Une curieuse tradition était scrupuleusement respectée pour faire débuter le spectacle. Un machiniste préposé à cette tâche manipulait un long et épais bâton, souvent bien décoré, qui avait pour nom « le brigadier », pour frapper les trois coups. Le nombre trois est le symbole de la réalisation ; mais le symbolisme ne s'arrêtait pas là.

Alors que les spectateurs étaient dispersés dans les couloirs et promenoirs, il frappait trois coups pour leur demander de prendre place. Quelques instants plus tard, il frappait à nouveau trois coups et les lumières de la salle faiblissaient. Les spectateurs avaient pris place, mais continuaient à converser car ils attendaient le signal qui ne tardait pas à se manifester. Bientôt « le brigadier » frappait plus fort que les deux premières fois, plus rapidement et surtout avec davantage de coups, soit : trois fois sept coups, suivis de trois coups bien détachés ; alors le rideau se levait.

Nous ignorons l'origine de cette tradition qui est en correspondance avec le symbolisme des Tarots et qui est trop précise pour n'être qu'une coïncidence. Trois fois trois coups, c'est la réalisation totale ; le 9. Mais, pour atteindre cette réalisation, on frappait trois fois 7 coups ; soit 21. Ce nombre est celui des lames du Tarot qui possède ensuite la lame 22 non numérotée car elle est aussi le zéro d'un nouveau cycle.

Avec le Bateleur, tous les éléments sont en place pour s'engager sur le chemin initiatique, pour démarrer vers une autre compréhension et entreprendre un véritable développement personnel.

Ce personnage nous a permis de nous familiariser avec des symboles tels que ceux des quatre éléments de la matière. Tout ce qui a été écrit sur cette première lame est contenu dans toutes les autres, dans leur complémentarité et leur interdépendance.

Il est indispensable de bien ressentir cette richesse pour entreprendre le voyage initiatique que nous proposent les autres lames...

... Et c'est ce que nous allons mettre en mouvement.

LAME 2
LA PAPESSE

C'est un étrange personnage qui illustre cette deuxième lame du Tarot.

Nous y voyons une femme qui est assise. Après le personnage actif de la lame 1, nous rencontrons un personnage passif. C'est une alternance qui va nous accompagner dans notre cheminement de lame en lame. Mais la passivité n'est qu'apparente car elle ne signifie pas l'inaction.

Elle illustre la nécessité de laisser un temps de réflexion dans le mouvement de la vie. Chez cette femme jeune, tout est voilé, caché, intériorisé. Elle est installée sur un trône et nous remarquons que son bras gauche est appuyé sur un sphinx qui est celui qui pose les éternelles questions : « D'où venons-nous ? Que sommes-nous ? Où allons-nous ? »

Sous ses pieds, nous remarquons un sol fait de carrés blancs et de carrés noirs ; c'est « le pavé mosaïque ». Il indique qu'elle se trouve dans un monde de dualité où rien n'est tout à fait blanc ni tout à fait noir ; il y a toujours du mal dans le bien et du bien dans le mal. Nous devons nous maintenir sur cette ligne qui sépare le noir et le blanc. Ce symbole est présent dans les sociétés initiatiques comme la franc-maçonnerie et il apparaissait sur l'étendard des Templiers.

Le vêtement de cette femme est fait de rouge et de bleu. Le bleu est le domaine de la spiritualité et le rouge celui d'une activité intérieure et intellectuelle. Nous distinguons une croix au niveau de son plexus et, dans sa main gauche, elle tient les clés qui sont celles de la Connaissance. Une clé est de couleur or, donc solaire, tandis que l'autre est de couleur argent, donc lunaire. Sur ses genoux, elle tient un livre à peine entr'ouvert, donc elle y a accès ; c'est le livre de la Connaissance.

GAUCHE ET DROITE = LE PASSÉ ET L'AVENIR

Le symbolisme du côté gauche et du côté droit correspond à ce qui concerne respectivement le passé et l'avenir. À gauche, c'est donc le passé, et à droite, l'avenir.

Par exemple, dans notre civilisation qui est tournée vers les progrès à venir et qui ne met pas au premier plan les valeurs du passé, on écrit de la gauche vers la droite. L'écriture arabe comme l'écriture hébraïque correspondent à des spiritualités qui vivent en fonction des valeurs du passé. Leur écriture va de la droite vers la gauche.

Instinctivement, nous désignons le passé par un geste vers la gauche et l'avenir par un geste vers la droite.

Après l'unité, nous abordons le binaire en pénétrant sur le parvis du Temple de Salomon où, entre les deux colonnes, la Papesse est installée sur son trône. Elle rappelle la double utilisation des Tarots. Elle nous invite à la recherche du savoir caché, un savoir ésotérique qui est contenu dans son livre, mais quelle ne révèle pas. Pour y accéder, il faut le mériter. Il est protégé derrière le voile d'un blanc bleuté qui est tendu derrière elle. Au-delà de ce voile se trouve un autre monde qui nous est inaccessible. Nous devons nous dépasser pour agir comme Alice lorsqu'elle est passée de l'autre côté du miroir. C'est dans « un autre état de soi-même » qu'il devient possible de franchir le rideau des apparences. Ce rideau est comme un écran sur lequel se projettent les images de nos pensées et de nos intuitions. En écartant le voile, on parvient à lire en soi-même, on a accès à la Connaissance. Mais gardons-nous de nous laisser influencer par les illusions. Ce qui domine cette image, c'est le croissant de lune au sommet de la coiffe.

Le savoir que dissimule la Papesse n'apparaît pas car il est déjà en chacun de nous. C'est au fond de soi qu'on peut le trouver quand on en est digne et qu'on peut répondre aux questions du Sphinx.

Ce nom étrange, « Papesse », contient bien des mystères... C'est encore la conciliation des contraires en un personnage qui domine le pavé mosaïque : pape et papesse. Oppositions ou complémentarités ? Le blanc, c'est la lumière qui ne se conçoit que par rapport aux ténèbres, comme le bien ne se conçoit que par rapport au mal, avec notre

possibilité d'apprécier le bonheur seulement après avoir connu la souffrance.

Cette femme qui exerce une fonction d'homme nous confirme qu'un être masculin a toujours en lui une part de féminité et réciproquement. Elle nous évoque l'idée de l'androgyne. Elle représente la divinité féminine, celle que l'on nomme « Isis ».

Mais le Tarot véhicule dans ses mystères des éléments qui ont leur origine dans des légendes, des mythes ou des récits apparentés à l'histoire secrète. Au long des siècles qui font présenté de différentes façons, il s'est enrichi d'éléments destinés à mieux nous sensibiliser à ses « révélations ».

Quelle est l'origine de ce curieux personnage ? Nous ne pouvons l'aborder que par un récit incertain qui est présenté comme un événement historique...

LA PAPESSE JEANNE

Légende ou réalité, ou encore réalité manipulée ? La fameuse papesse Jeanne fut-elle une femme qui avait un tempérament masculin au point de prétendre accéder au trône de Saint-Pierre ? À moins qu'il s'agisse d'une femme dans toute l'acception du terme, une militante féministe avant la lettre qui refusa à son époque d'être considérée comme inférieure. La question est toujours sans réponse et probablement le restera. C'est sur une vieille publication non signée que nous avons trouvé le texte qui suit :

« C'est au milieu du xnf siècle que l'on a commencé à colporter cette incroyable histoire. Une jeune femme d'origine anglaise, née à Mayence, aurait pris le costume masculin et se serait rendue à Athènes pour y parfaire ses études. Elle s'installa ensuite à Rome et y gagna une grande réputation sous le nom de Johannes Angelicus. Notaire de la curie, elle fut nommée cardinal et devint pape en 856 à la mort de Léon IV.

Les premiers temps de son pontificat se passèrent sans problème, mais Jeanne, qui portait le nom de Jean VIII, devint enceinte. Un jour qu'elle traversait Rome à cheval, elle fut prise de douleurs soudaines et accoucha entre le Colisée et l'église Saint-Clément. La papesse fut condamnée à être attachée par les pieds à la queue d'un cheval qui la traîna sur une longueur d'une demi-lieue pendant que la foule la lapidait. Elle fut enterrée à l'endroit même où elle mourut, après avoir coiffé la tiare pendant deux ans, sept mois et quatre jours. Benoît III fut élu pour la remplacer, mais, afin d'éviter que la postérité ne connaisse cette histoire scandaleuse, il fut inscrit dans toutes les archives vaticanes comme le successeur de Léon IV.

Fiction ou réalité ? Ce qui est pour le moins curieux, c'est que les premiers propagateurs de la légende de la papesse Jeanne furent tous de vénérables ecclésiastiques, qu'il s'agisse des dominicains Jean de Mailly et Étienne de Bourbon ou de Martin Polonus, chapelain de plusieurs papes, ce qui constitue quand même une sérieuse référence.

C'est à la suite de ce scandale que l'on aurait obligé chaque nouveau pape à s'asseoir sur une chaise percée, tandis qu'un cardinal s'assurait, par en dessous, qu'il n'était pas une nouvelle Jeanne. Quand il en avait eu la preuve, il s'adressait au conclave en affirmant : « Due sunt, Fratres, et bene pendentes ! »

L'illustration ci-jointe accompagnait le texte.

Il est évident que ce nom, « Papesse », a suscité bien des interrogations... Ce qui l'est également, c'est que dans des temps éloignés la déesse Isis occupait une place importante dans la spiritualité des peuples antiques et dans les rituels initiatiques. Dans son essence, le Tarot vient de très loin dans le temps et, s'il s'adapte à toutes les époques, c'est que son message est vraiment intemporel.

Ce n'est donc pas par la fantaisie de quelqu'un que cette appellation a été donnée à la lame 2. L'illustration irrespectueuse de ce récit a probablement été réalisée à une époque où l'anticléricalisme ne manquait pas d'exploiter de tels éléments.

Un texte du Livre des morts de l'ancienne Égypte contient un passage extrêmement important que doivent connaître ceux qui s'engagent sur le chemin initiatique. Ce texte a été traduit par les Grecs. Il est précisé qu'il fut trouvé à Hermopolis, en écriture bleue sur une dalle d'albâtre, aux pieds du dieu Toth (Hermès). Il décrit une partie de la cérémonie d'initiation, telle quelle était vécue dans les écoles de mystères de l'Égypte antique.

Puisque ce texte présente la déesse Isis avec des caractéristiques qui sont celles de la Papesse, nous l'intercalons avec cette lame. Mais il sera utile de s'y reporter lorsque nous travaillerons sur d'autres lames.

Voici un extrait de ce texte :

> « On arrivait à un petit temple qui servait d'entrée aux cryptes souterraines. La porte en était masquée par une statue d'Isis en grandeur nature.
>
> La déesse assise tenait un livre fermé sur ses genoux, dans une attitude de méditation et de recueillement. Son visage était voilé. On lisait sous la statue : «AUCUN MORTEL N'A SOULEVÉ MON VOILE".
>
> C'est ici la porte du sanctuaire occulte, disait l'hiérophante. Regarde ces deux colonnes. La rouge représente l'ascension de l'esprit vers la lumière d'Osiris, la noire signifie sa captivité dans la matière,

> et cette chute peut aller jusqu'à l'anéantissement. Quiconque aborde notre science et notre doctrine y joue sa vie. La folie ou la mort, voilà ce qu'y trouve le faible ou le méchant, les bons et les forts y trouvent seuls la vie et l'immortalité.
>
> Avant de pénétrer dans les cryptes, l'étranger était interrogé sur sa volonté d'aller plus loin. Une semaine de réflexion lui était accordée dans le silence le plus absolu.
>
> Le soir des épreuves, il suivait un vestibule noir décoré de statues hideuses qui semblaient ricaner, de squelettes et d'une momie. Le couloir était si bas qu'on ne pouvait y pénétrer qu'en rampant. Après l'avoir encore averti des dangers qu'il allait affronter et du fait que toute trahison serait punie de mort, un assistant lui disait : "Tu peux encore revenir sur tes pas. La porte du sanctuaire n'est pas encore fermée. Sinon, tu dois continuer ta route par là et sans retour."
>
> Après plusieurs épreuves, il arrivait à la galerie qu'il devait suivre sans se retourner... »

Tout cela pour souligner l'importance des symboles qui illustrent la lame 2 sous le nom de la Papesse.

Il s'agit de la rencontre symbolique avec Isis et avec son voile à la porte du chemin initiatique.

La Papesse, dont le visage est en partie voilé, rayonne dans le calme et la sérénité, tandis qu'autour d'elle c'est le silence et le mystère. Pas d'agitation, tout est intériorisé. Cette ambiance de mystère est parfois angoissante sous le symbole de la lune d'or qui représente le monde de l'imagination, de la gestation et de la préparation. La Papesse cache l'intérieur du Temple, assise entre les deux colonnes qui étaient à l'entrée du Temple de Salomon. C'est par analogie que nous comprenons qu'il s'agit du temple intérieur, de son temple et de notre temple.

Nous devrons pénétrer dans les mystères de ce temple intérieur. Nous découvrirons ce qui nous était inconnu. Mais, au fur et à mesure que nous avancerons, nous comprendrons que « les vérités » que nous découvrons font bientôt place à des vérités plus profondes. C'est cela le cheminement initiatique « vers la lumière », un cheminement lent qui exige de longs moments de réflexion et de méditation dans la « concentration » sans effort.

Il est nécessaire de toujours remettre en question ses acquis pour ne pas s'enfermer dans l'illusion. C'est avec lucidité qu'il faudra passer les portes qui vont se succéder et qui chaque fois feront franchir un nouveau seuil.

Comme la lame 1, la lame 2 est en correspondance avec une lettre hébraïque dont les significations que donne la Kabbale correspondent à celles du Tarot. La deuxième lettre hébraïque a pour nom « beith ». Cette lettre représente « le temple de Dieu », le temple de l'âme qui contient la sagesse avec les forces divines et les forces de la nature. Avec la féminité, le 2 est le dédoublement de l'unité qui met l'univers en mouvement par rupture de l'équilibre. Mais, ce dédoublement, c'est aussi la dualité et l'antagonisme ; soit des forces qui peuvent être complémentaires ou opposées.

Il est dit aussi que c'est Dieu manifesté qui s'apprête à créer. D'où la constatation qu'avec le père il faut une mère pour créer le 3 qui représente « la réalisation ». Dans ce langage ésotérique, 1 + 1=3.

Dans la Kabbale, le 2, c'est l'Esprit pénétrant le mystère, la richesse intérieure acquise par la sagesse et l'initiation aux mystères de la vie. C'est la Connaissance cachée.

En correspondance avec le Tarot, il s'agit de la mère éducatrice qui représente la matrice où la vie germe et se développe en une sublime gestation. Elle est à la fois un symbole de l'univers et de l'être intérieur.

NOUS ne citerons pas les autres lettres hébraïques qui accompagnent chaque lame du Tarot.

Tout ce qui est mentionné à propos des deux premières lames est une invitation à développer sa culture pour approfondir de mieux en mieux les symboles, les analogies et les révélations qui apparaîtront.

En franchissant les étapes du chemin initiatique que nous font parcourir les 22 lames, chacun pourra se référer à des éléments qui sont extérieurs aux Tarots. L'Histoire, les mythologies, des textes anciens, etc. sont à la portée de tous et sont à consulter selon les goûts et les possibilités de chacun.

Citons à titre d'exemple :

- pour l'Égypte antique : la légende de Thot, l'histoire d'Isis et d'Osiris, etc.

- pour l'Antiquité : l'exode du peuple hébreu, l'Arche d'alliance et le Temple de Salomon - Des textes de Platon et la personnalité de Pythagore - Hermès et la Table d'émeraude, etc.

- l'ésotérisme, le symbolisme et les rituels des grandes religions ;

- les textes qui concernent « la quête du Graal ».

En s'arrêtant à chacune des étapes du chemin initiatique, il est toujours utile de compléter le travail sur soi et le travail intellectuel par un enrichissement qui s'inscrit autant dans l'être profond que dans la mémoire de chacun.

LAME 6
L'AMOUREUX

Avec cette lame, nous atteignons le 6, soit la deuxième réalisation. Nous rencontrons deux énergies qui s'affrontent.

Nous retrouvons un homme jeune qui a parcouru son chemin et qui se trouve confronté à un monde de conflits. Il sait qu'il doit continuer à avancer, mais pour cela il doit choisir. Il est responsable de son choix que personne ne lui impose. Par son libre arbitre, s'il est libre de choisir, il est aussi libre de se tromper. Cet embarras du choix et l'indécision qu'il engendre peuvent le réduire à l'immobilité.

Il est à la croisée des chemins avec un pied de chaque côté. Il hésite et il se cherche. Cette position ne doit pas durer, car les trop longues hésitations sont paralysantes.

Un proverbe zen affirme : Qui s'arrête se trompe. Effectivement, quand on agit, on peut se tromper ; mais quand on n'agit pas, on est certain de se tromper.

De chaque côté de ce personnage, nous voyons deux femmes, deux tentatrices. L'une, vêtue de jaune et de clair, lui propose les plaisirs de la vie et le tire vers elle. Il semble pencher de son côté, vers la facilité. L'autre, d'allure plus austère, pose une main sur son épaule pour le convaincre qu'il doit poursuivre sa route sans se laisser éblouir, car rien ne vient sans peine.

Le nombre 6, c'est la rencontre de la destinée et du libre arbitre.

Saint Augustin a dit : « Dieu a créé toutes choses en six

jours, parce que ce nombre est parfait. » Mais cette « perfection en puissance » ne s'impose pas, il faut la réaliser. C'est le libre choix entre le bien et le mal.

L'Amoureux du Tarot se trouve immobile, au point d'équilibre entre des forces qui se neutralisent. Il devient un lien entre le haut et le bas, entre le créateur et la créature. Ce point d'équilibre est symbolisé par deux triangles entrelacés.

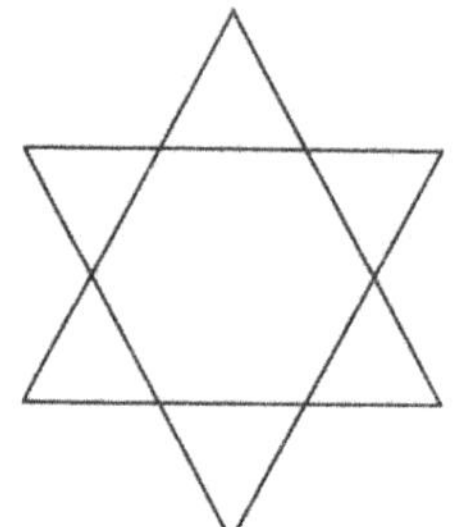

Le triangle dont la pointe est en haut est tourné vers l'Esprit.

Le triangle dont la pointe est en bas est tourné vers la matière.

L'ensemble de ces deux triangles forme une étoile appelée « le sceau de Salomon ».

Il n'y a pas d'opposition, mais la possibilité de choisir vers le haut ou vers le bas.

Signalons également que lorsqu'il est développé, le cube, volume constitué de six surfaces, forme une croix qui est un lien entre le haut et le bas, le spirituel et le matériel.

Nous remarquons aussi que la somme des trois premiers nombres : 1+2 + 3 égale 6 et leur produit, 1 x 2 x 3, égale 6.

Au-dessus des trois personnages, Cupidon, symbole de l'amour s'apprête à décocher une flèche qui fixera le choix qui aura été fait.

Malgré le travail accompli et les enseignements reçus, deux éléments favorisent les hésitations de celui qui est encore dans son jeune âge sur son chemin initiatique ; l'attirance vers ce qui est plus facile, d'une part, et, d'autre part, la crainte de se tromper. Le manque de confiance en soi ne permet pas de prendre rapidement une décision. Il fait naître une réflexion qui doit être lucide pour trouver l'équilibre entre le fait de se sous-estimer et celui de se surestimer. La dualité est toujours au premier plan de cette étape sur le chemin initiatique.

Ce n'est que par l'action basée sur les acquis qu'il est possible de se lancer sur la suite de ce chemin de la spiritualité et de la foi. La réflexion était nécessaire. C'est maintenant l'action qu'il faut entreprendre...

LAME 4
L'EMPEREUR

Avec cette nouvelle lame qui correspond au nombre quatre, nous revenons au 1 et nous entamons une deuxième réalisation.

Nous allons vers un deuxième triangle que nous présentent la position des jambes de l'Empereur et la position de ses bras par rapport à sa tête ; soit deux triangles. Mais deux triangles peuvent être à l'origine d'un conflit.

Le 4, c'est la « tétraktys » de Pythagore qui, par le total des quatre premiers nombres, nous ramène à l'unité : 1 + 2 + 3 + 4=10 qui, réduit à 1 + 0 = 1, retourne à l'unité.

Nous retrouvons un personnage qui a déjà mûri. Ce n'est plus la jeunesse du Bateleur et il a des acquis. Le fait qu'il soit assis sur un cube nous indique qu'il est encore prisonnier de son état dans la matière. Après avoir été en contact avec la femme ailée, nous reprenons conscience de la prison de l'incarnation. Cette « prison de l'incarnation » est représentée par cet aigle noir qui est le compost enfermé dans ce cube. Il va falloir entreprendre un nouveau départ.

L'Empereur, malgré ses acquis, est immobile, engoncé dans un état peut-être confortable, mais sans mouvement. Comme indiqué précédemment, nous sommes passés d'une lame active à une lame passive. Il n'est pas coiffé d'une couronne, mais d'un casque qui le protège et bloque ses mouvements. Son vêtement qui ressemble à une armure prouve qu'il recherche la sécurité. Effectivement, par son casque et son armure, il protège ses chakras. Son siège n'est pas un trône, mais un cube qui lui assure une parfaite stabilité. Il retient son énergie (son magnétisme) et se protège des autres.

Nous remarquons aux pieds de l'Empereur une fleur qui commence à s'ouvrir. Ce n'est plus le bouton qui apparaissait sous la table du Bateleur. Un chemin a été parcouru. Le temps s'est écoulé...

Le corps de l'Empereur, s'il forme deux triangles, représente aussi une croix constituée par ses jambes sous le premier triangle, celui de son corps. La croix sous le triangle est un symbole alchimique ; celui du soufre. Le soufre se rapporte au feu qui active l'action. C'est encore une nécessaire conciliation des contraires qui apparaît ; d'une part, l'immobilité, et, d'autre part, la préparation de l'action, ce que révèle d'ailleurs la position des deux pieds bien disposés sur le sol.

Sur le plan initiatique, il est indiqué qu'il est nécessaire de descendre en soi pour maîtriser le feu intérieur, l'aviver pour qu'il brûle réellement et ne continue pas à se dégager sous la forme de fumées opaques.

L'Empereur est un prince qui règne sur le concret, sur ce qui est visible et matériel. Il tient un globe qui confirme sa domination universelle et qui se termine par une fleur de lys. Il n'est donc pas un despote puisqu'il s'inspire des sublimes inspirations de l'Impératrice.

Revenons au cube qui constitue le siège de l'Empereur.

Le cube, c'est 4 x 4, le nombre qui symbolise la matière. Le 4 est représenté par un carré qui est le symbole des quatre éléments de la matière : feu, air, eau, terre. Il est la totalité de la création... dans sa matérialité : solidité, stabilité, équilibre dans l'espace.

Le nombre 4 constitue la limite de la perception directe. Lorsqu'une série d'objets identiques est alignée devant nous, notre œil ne peut d'un premier regard distinguer que jusqu'à quatre éléments... au-delà, notre vision globale et instantanée ne nous permet plus l'identification. Il faut compter pour savoir.

Au-delà du 4. tout est différent.

Lorsqu'on comptait avec des traits verticaux, on arrêtait à 4 le nombre de ces traits car on ne les identifiait plus d'un « coup d'œil » ; il fallait les compter. Le Tarot s'inscrit dans cette façon de numéroter. Jusqu'à l'Empereur, ce sont des traits verticaux, donc 4. À partir de la lame suivante, la numérotation utilisera les chiffres romains.

Passé le 4, c'est un autre monde que le nôtre dans lequel le 4 est toujours présent. Citons : les quatre qualités : chaud, froid, sec, humide - les quatre saisons : printemps, été, automne, hiver - les quatre périodes géologiques : primaire, secondaire, tertiaire, quaternaire - les quatre périodes historiques : Préhistoire, Antiquité, Moyen Âge, Temps modernes - les quatre âges mythologiques : d'or, d'argent, de bronze et de fer - les quatre périodes de la vie humaine : enfance, adolescence, âge adulte, vieillesse.

Si le carré symbolise la matière et sa solidité, le cube qui se compose de quatre carrés amplifie d'autant cette robustesse matérielle.

En des temps très lointains, ce symbolisme a été exposé. En 1993, nous visitions le musée de Louxor en Égypte où nous avons remarqué une étrange statue. Il s'agissait d'une pierre cubique de couleur noire, surmontée de la représentation de la tête d'un personnage. Il s'agissait de la statue cube de Semmout qui fut architecte du site de Deir el-Bahari, administrateur des biens de la reine Hatshepsout et intendant des domaines d'Aton. Un homme matériellement très puissant qui avait le génie des proportions dans les constructions grandioses.

D'autres statues cubes sont visibles en Égypte. Elles représentent toujours des personnages socialement importants. Par exemple, celle d'Amenhotep, vizir du pharaon Aménophis III. Cet homme fut comblé de richesses tout au long de sa vie et jusqu'après sa mort. Il était chargé des affaires militaires du royaume et incarnait la force des armes. Il fut l'architecte de monuments gigantesques. Une force secréte lui appartenait car il était l'auteur d'un livre de magie.

L'Empereur du Tarot est un personnage important. Prince de ce monde, il règne sur le concret. N'oublions pas que chacun est le maître de son monde.

Oswald Wirth a écrit : « Il appartient à l'énergie mâle de réaliser l'idéal féminin en purifiant l'ardeur infernale du foyer d'égoïsme. »

C'est l'initiation qui permet de descendre au fond de soi pour purifier cette ardeur contenue. Toutes ces forces, même si elles ont pour origine des sources impures, doivent être mises en mouvement. Elles doivent se manifester avec fermeté et rigueur, tout en conservant un caractère paternel et protecteur, sans égoïsme.

Il faut être solide et dans la sécurité pour se construire. L'immobilité de l'Empereur ne doit pas se prolonger, mais permettre par la réflexion le déclenchement de l'action. Toutes les forces doivent être au service des décisions actives pour agir et commander à soi-même.

LAME 5
LE PAPE

Nous nous sommes appuyés sur la matière et sur la solidité de ses quatre éléments pour entreprendre notre action réfléchie et positive. Nous avons pris conscience de la nécessité de respecter cette matière dont nous sommes faits, en sachant qu'au-delà de la matérialité, au-delà du quatre, nous devons pénétrer dans un autre monde, dans le cinquième élément ; dans la cinquième dimension. C'est une étape importante. Nous connaissons la première dimension, la longueur, la deuxième, la largeur et la troisième, la hauteur qui révèle le volume. La quatrième dimension est « le temps » dont l'intervention dans notre logique n'est pas évidente. Alors, une cinquième dimension...

Après l'homme mûr que représentait l'Empereur, nous rencontrons un personnage plus âgé qui possède davantage d'acquis et d'expérience.

Il est coiffé d'une tiare à trois étages de couleur or, couleur de l'intellect. Les trois niveaux symbolisent le discernement, la connaissance de la loi divine et la liturgie. Le symbolisme de ces trois niveaux offre plusieurs interprétations. Le Pape connaît le monde des hommes, le monde spirituel et le monde divin. Il est détenteur d'une autorité s'étendant au corps, à lame et à l'esprit qui correspondent en alchimie au soufre, au sel et au mercure. Il est l'intermédiaire entre les différents mondes. Ses gants blancs indiquent la pureté de son action.

Le Pape transmet son enseignement. Devant lui, deux

personnages jeunes écoutent ce qu'il dit ; mais pas de la même façon. L'un accepte le message tel qu'il est avec ce qu'il convient de nommer « la foi du charbonnier », tandis que l'autre semble réfléchir et se poser des questions.

Par cette transmission, l'homme est placé entre le divin et l'humanité, entre le macrocosme et le microcosme ; il est le médiateur entre Dieu et l'Univers.

Cette image a été illustrée par Léonard de Vinci qui a placé l'être humain avec ses cinq sens dans une étoile à cinq branches, appelée « le pentagramme ».

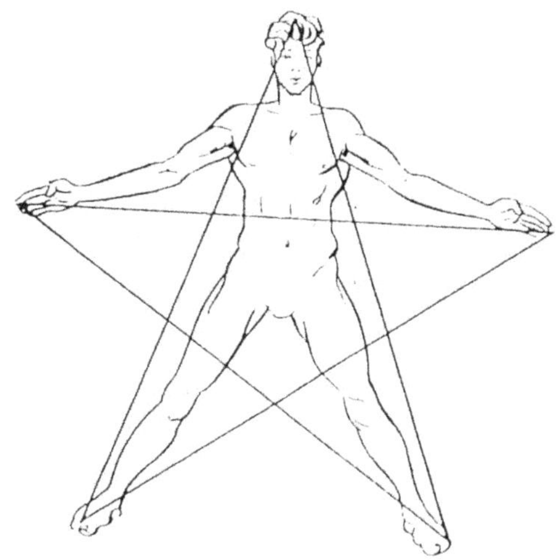

Ce symbole contient toute la force cosmique, toute «l'énergie» qui nous vient des étoiles. L'humanité est absolument dépendante de son étoile, le soleil qui entretient la vie sur notre planète. Les cinq branches de l'étoile réalisent l'union du 3 (principe masculin) et du 2 (principe féminin). C'est une union féconde, c'est l'accord parfait et l'androgynat. Paracelse a dit du pentagramme qu'il est l'un des signes les plus puissants ; c'est « l'Étoile flamboyante ».

Les membres et la tête de l'homme sont au sommet des cinq pointes de l'étoile. Il va devoir dépasser les limites de ses cinq sens pour atteindre une nouvelle dimension par ses perceptions extrasensorielles. C'est par son cheminement initiatique, par son développement personnel, qu'il parviendra à cette étape que lui révèle ce symbole que Jacques Brel appelait « l'inaccessible étoile »... Elle n'est accessible qu'à celui qui mérite de la connaître ; et la lame 5 montre le chemin.

Il nous paraît utile de rappeler qu'un symbole doit être considéré comme une force vivante et active avec laquelle il ne faut pas jouer. Par contre, nous pouvons l'utiliser dans notre évolution. Méditer à partir de l'étoile à cinq branches en la plaçant devant soi est un excellent exercice. Aujourd'hui, il est facile de faire un agrandissement de ce symbole pour éventuellement le fixer devant ses yeux.

Tout symbole contient dans son graphisme la puissance d'une onde de forme et celle-ci possède des qualités ambivalentes. Le dessin avec la pointe en haut est celui qu'il convient d'utiliser. Par contre, si l'on renverse cette étoile et que la pointe est en bas, les forces de cette forme sont négatives. Alors, les deux pointes du haut sont pareilles à des cornes, les deux au-dessous, à des oreilles et celle du bas, à la barbiche d'un bouc. Nous obtenons la figure des forces du mal dans notre civilisation. Nous venons de sortir de l'ère des poissons qui a succédé à l'ère du bélier divinisé à son époque. Le symbole positif d'une ère devient celui des forces du mal dans celle qui lui succède ; et le bélier n'y a pas échappé.

C'est donc dans le sens du dessin ci-dessous qu'il convient de dessiner l'étoile à cinq branches, excellent sujet de méditation en correspondance avec la lame 5 du Tarot.

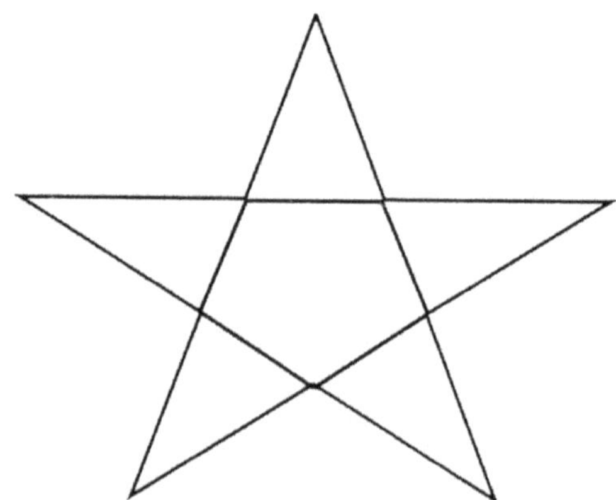

Les Égyptiens estimaient que l'objet symbolique appelait la réalité psychique qu'il représentait. Autrement dit, un symbole a la valeur de ce qu'il représente ; « il est » ce qu'il représente. Ils ont légué cette doctrine à toute l'Antiquité et nous en avons encore la teneur dans la théorie des sacrements.

Rappelons que, dans le pentagramme, l'homme est médiateur entre Dieu et l'Univers. Il est comme le Pape qui transmet la lumière par son enseignement, lumière qu'il reçoit de Dieu.

- Après le 1 du Bateleur, qui représente le point de départ,

- le 2 de la Papesse, la ligne à une dimension,

- le 3 de l'Impératrice, la surface à deux dimensions,

- et le cube de l'Empereur, le volume à quatre dimensions, - le Pape (5) devient le contenu de cette forme, la quintessence invisible mais réelle qui nous fait pénétrer dans le domaine d'une nouvelle dimension.

Le Pape dans le Tarot a un regard vitreux, un regard qui ne voit plus ce que nous voyons, mais qui est en contact avec ce qui est invisible pour le commun des mortels, il n'est plus dans l'apparence des choses.

Nous devons nous éloigner des apparences pour voir l'essence de notre monde, des autres et de nous-mêmes. En nous instruisant, nous parvenons à distinguer le bien du mal. Il ne faut négliger aucune occasion de s'instruire en sachant éliminer ce qui éventuellement ne convient pas à notre cheminement. Ne perdons jamais de vue que c'est en nous que se cache une connaissance que nous devons nous appliquer à retrouver.

LAME 6
L'AMOUREUX

Avec cette lame, nous atteignons le 6, soit la deuxième réalisation. Nous rencontrons deux énergies qui s'affrontent.

Nous retrouvons un homme jeune qui a parcouru son chemin et qui se trouve confronté à un monde de conflits. Il sait qu'il doit continuer à avancer, mais pour cela il doit choisir. Il est responsable de son choix que personne ne lui impose. Par son libre arbitre, s'il est libre de choisir, il est aussi libre de se tromper. Cet embarras du choix et l'indécision qu'il engendre peuvent le réduire à l'immobilité.

Il est à la croisée des chemins avec un pied de chaque côté. Il hésite et il se cherche. Cette position ne doit pas durer, car les trop longues hésitations sont paralysantes.

Un proverbe zen affirme : Qui s'arrête se trompe. Effectivement, quand on agit, on peut se tromper ; mais quand on n'agit pas, on est certain de se tromper.

De chaque côté de ce personnage, nous voyons deux femmes, deux tentatrices. L'une, vêtue de jaune et de clair, lui propose les plaisirs de la vie et le tire vers elle. Il semble pencher de son côté, vers la facilité. L'autre, d'allure plus austère, pose une main sur son épaule pour le convaincre qu'il doit poursuivre sa route sans se laisser éblouir, car rien ne vient sans peine.

Le nombre 6, c'est la rencontre de la destinée et du libre arbitre.

Saint Augustin a dit : « Dieu a créé toutes choses en six jours, parce que ce nombre est parfait. » Mais cette « perfection en puissance » ne s'impose pas, il faut la réaliser. C'est le libre choix entre le bien et le mal.

L'Amoureux du Tarot se trouve immobile, au point d'équilibre entre des forces qui se neutralisent. Il devient un lien entre le haut et le bas, entre le créateur et la créature. Ce point d'équilibre est symbolisé par deux triangles entrelacés.

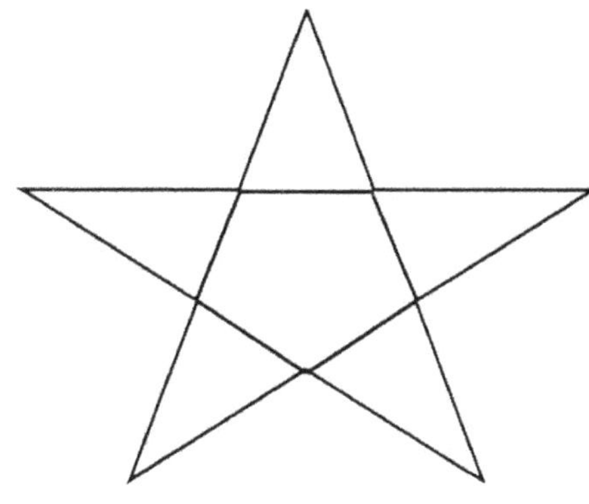

Le triangle dont la pointe est en haut est tourné vers l'Esprit.

Le triangle dont la pointe est en bas est tourné vers la matière.

L'ensemble de ces deux triangles forme une étoile appelée «le sceau de Salomon».

Il n'y a pas d'opposition, mais la possibilité de choisir vers le haut ou vers le bas.

Signalons également que lorsqu'il est développé, le cube, volume constitué de six surfaces, forme une croix qui est un lien entre le haut et le bas, le spirituel et le matériel.

Nous remarquons aussi que la somme des trois premiers nombres : 1+2 + 3 égale 6 et leur produit, 1 x 2 x 3, égale 6.

Au-dessus des trois personnages, Cupidon, symbole de l'amour s'apprête à décocher une flèche qui fixera le choix qui aura été fait.

Malgré le travail accompli et les enseignements reçus,

deux éléments favorisent les hésitations de celui qui est encore dans son jeune âge sur son chemin initiatique ; l'attirance vers ce qui est plus facile, d'une part, et, d'autre part, la crainte de se tromper. Le manque de confiance en soi ne permet pas de prendre rapidement une décision. Il fait naître une réflexion qui doit être lucide pour trouver l'équilibre entre le fait de se sous-estimer et celui de se surestimer. La dualité est toujours au premier plan de cette étape sur le chemin initiatique.

Ce n'est que par l'action basée sur les acquis qu'il est possible de se lancer sur la suite de ce chemin de la spiritualité et de la foi. La réflexion était nécessaire. C'est maintenant l'action qu'il faut entreprendre...

LAME 7
LE CHARIOT

L'Amoureux a fait son choix avec toutes les difficultés qu'il peut comporter. Il est à nouveau ce personnage jeune qui dirige le véhicule de son être. Il est toujours confronté à des oppositions, car on voit que les deux animaux qui tirent le Chariot se lancent dans des directions opposées, il s'agit de chevaux ou de sphinx dont l'un est blanc et l'autre noir, ou l'un rouge et l'autre bleu ; des contraires à concilier.

Ce personnage démarre dans une nouvelle réalisation sous la voûte étoilée qui nous rappelle que le Chariot représente « la Grande Ourse » dans laquelle a été intégrée l'étoile Artacus. C'est le nom du roi Arthur, héros de la légende du Graal, provenant d'un mot celtique qui signifie l'ours. Comme pour l'ours, comme pour le roi Arthur et comme pour notre personnage, des périodes d'activité succèdent à des périodes d'hibernation. Sur certaines éditions du Tarot, deux lettres sont inscrites à l'avant du Chariot : S et M, parfois traduites par « Sa Majesté » et plus souvent par « soufre, sel, mercure », les grands symboles de l'alchimie. Il est évident que le Chariot se déplace sur le chemin initiatique qui est une véritable alchimie vers la transmutation de celui qui parvient à son aboutissement. Pour confirmer son déplacement difficile, il nous apparaît de forme cubique. Cependant, les quatre montants qui soutiennent le dais de la voûte céleste protectrice rappellent la force du 4 et des quatre éléments.

Le voyage que nous propose « le Chariot », c'est le voyage intérieur qui exige du courage, de l'énergie et de la volonté dans une parfaite maîtrise de soi. C'est à nouveau un travail sur soi, sur son temple intérieur, qui permet d'avancer.

Le Chariot, c'est la lame 7 ; et 7 est le nombre sacré qui évoque le créateur à travers sa création. Il est la totalité de l'espace-temps qui n'est pas figé mais qui se caractérise par un mouvement dynamique.

On peut définir ainsi la composition du nombre 7 :

3 + 4:3, image de la divinité ; 4, image de la matière.

5 + 2:5, symbole des forces cosmiques ; 2, symbole du dualisme et du mouvement.

6+1:6, symbole du créateur et de sa créature et symbole du choix ; 1, le point de départ.

Nous rencontrons le nombre 7 dans tout ce qui se rapporte à la vie spirituelle et au symbolisme. Paracelse le qualifiait de «spiritualité agissante».

La Bible nous présente : le chandelier à sept branches, les sept porteurs de trompettes qui à Jéricho font sept fois le tour de la ville. Les sept années pour la construction du temple de Salomon. L'épisode du songe du pharaon qu'interprête Joseph et qui met en scène sept vaches grasses et sept vaches maigres pour sept années d'abondance et sept années de disette.

Dans la Kabbale, sept consonnes doubles correspondent aux six jours de la création et au septième jour correspondant à l'aboutissement.

Dans notre vie courante, nous avons les sept notes de musique, les sept jours de la semaine, les sept couleurs de l'arc-en-ciel, les sept péchés capitaux, les sept vertus théologales, etc.

Dans les contes de fées : Blanche-Neige et les Sept Nains, Le Petit Poucet et ses sept frères, les sept femmes de Barbe-Bleue, Le Chat botté et ses bottes de sept lieues, etc.

Après une période de réflexion, l'activité du Chariot place son conducteur dans la domination des oppositions et dans sa détermination. Il avance en confiance malgré les difficultés inévitables, car il sait qu'il possède un potentiel et un savoir qui le soutiennent dans l'action de son voyage intérieur.

LAME 8
LA JUSTICE

C'est à nouveau une femme qui nous apparaît de face. Son visage serein n'est pas austère et ses yeux sont transparents. Il ne s'agit pas d'une représentation de la justice sévère et répressive, mais de l'équité. C'est l'équilibre qu'il faut trouver en soi, en harmonie avec notre univers.

Nous sommes tous soumis à la Loi universelle qui régit notre monde ; toutes les autres lois en dépendent. Quand Moïse descend du Sinaï, il est en possession des Tables de « la Loi » ; et les lois qui suivront ne pourront pas la contredire. Il est prouvé que toute l'organisation de l'univers est extrêmement précise et fonctionne sans laisser la moindre place au hasard. Il a été dit que « le hasard » est la manifestation de lois que nous ne connaissons pas. C'est une Loi inconnue qui régit tout et dont nous retrouvons les conséquences dans « les lois » d'Hermès Trismégiste. Nous y apprenons, par exemple, que ce qui est en bas est comme ce qui est en haut ; donc que les lois du ciel, les lois du cosmos, sont « comme » celles qui nous régissent. Effectivement, quand la science de notre xxe siècle a réussi à observer l'intérieur d'un atome, elle a découvert que les particules qui tournent autour du noyau (protons, neutrons, électrons) se déplacent « comme » les planètes autour du Soleil.

Cette femme tient une épée en main ; mais son geste n'est pas violent, car elle la tient avec une certaine délicatesse. Elle n'est pas dans une attitude de combat. Elle est là pour trancher afin de conserver l'équilibre que révèle la balance. D'ailleurs, cet instrument, la balance, est l'emblème (et non le symbole) de la Justice. Sur notre chemin initiatique, ce sont nos acquis et le point de notre évolution qu'elle mesure. Elle participera à la décision qui nous permettra de poursuivre notre cheminement ou d'être rejetés. C'est en soi qu'il convient de trouver l'équilibre pour trouver l'harmonie.

Cette harmonie doit être trouvée quand est atteinte la lame 8. Sinon, l'être est soumis à « la loi de cause à effet » et subit une justice qualifiée d'immanente, appelée aussi « justice divine ». Le chapeau de couleur rouge du personnage de la lame 8 indique que c'est une lame active. Il n'est pas possible de lui cacher la réalité car son regard est profond, au-delà des apparences. C'est une pesée au-delà de la matière, comme l'a imaginée la mythologie de l'Égypte antique qui présente « la pesée des âmes ».

Sur cette coiffe rouge, nous remarquons le cercle doré, symbole du soleil, avec au-dessus une couronne de couleur argent, symbole de la Lune. C'est le signe de l'harmonie obtenue entre le Soleil et la Lune. Les vêtements de couleur rouge et bleu soulignent la force et l'énergie dans le calme et la spiritualité.

Le nombre 8 est celui de la lame de la Justice qui pourra seule maintenir l'équilibre du cosmos du début à la fin des temps ; de l'alpha à l'oméga.

L'oméga est représenté par un 8 allongé.

Cette forme hélicoïdale est celle des énergies magnétiques qui entourent notre planète et elle est fréquente dans l'anatomie humaine.

L'oméga représente l'infini cosmique et l'infini spirituel présents en chacun de nous.

Le 7 + 1 = 8 représente la perfection et la vie éternelle.

Après le 7, donc après la création, il était nécessaire qu'une Loi universelle s'impose pour que se poursuive le mouvement de la vie dans une juste harmonie.

L'ambivalence du 8

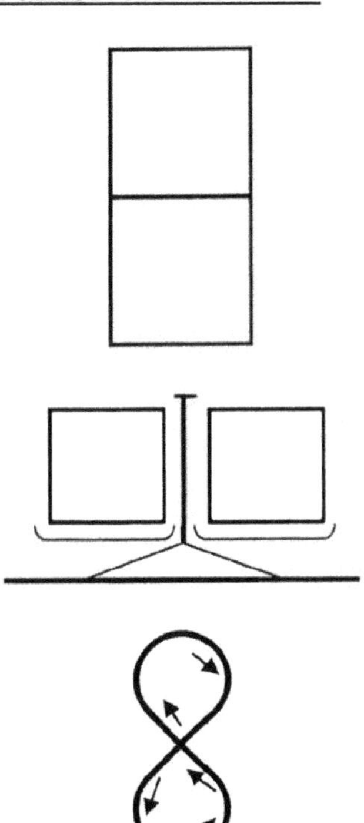

1 °) Le carré, c'est la force, c'est le 4. Un carré sur un autre carré devient une double force qui, par l'addition des deux énergies, peut, telle une fusée, propulser vers l'infini.

2°) Ces deux carrés placés de part et d'autre sur les plateaux d'une balance annulent ces énergies qui se transforment en immobilité.

3°) L'être humain influencé par le 8 dessine sans cesse ce 8 et « tourne en rond », sans pouvoir sortir, malgré l'appel du 9.

Le 8 est le double du 4 qui est la matérialité. Par son ambivalence, il peut entraîner vers la matière et générer un déséquilibre dans le comportement. Il est capable de détruire autant que de consolider.

C'est dans l'espace compris entre la lame 8 et la lame 9 qu'intervient un épisode très important du cheminement initiatique.

Nous avons entrepris de construire notre vie selon la Loi de l'architecture divine. Avons-nous réussi à obtenir en nous l'équilibre et l'harmonie ? Nous savons que cet équilibre ne doit pas nous imposer l'immobilité et nous souhaitons aller de l'avant...

C'est la Justice qui va trancher et nous propulser - peut-être - vers la suite de notre chemin...

LAME 9
L'ERMITE

Une particularité de ce personnage est que, dans le Tarot, on peut l'écrire « l'ermite » ou « l'hermite ».

Nous arrivons à notre troisième triangle. Nous avons cheminé en rencontrant complémentarité et oppositions dans les deux premiers triangles. Maintenant, nous avons pu acquérir une force. Nous sommes dans un passage important sur notre chemin initiatique.

C'est la huitième porte. Par chaque lame, nous passons d'un niveau à un autre. Lorsque nous avons passé les sept premières portes, nous avons été chaque fois confrontés au « gardien du seuil » qui nous a permis de franchir ce seuil. Si ce gardien avait constaté notre inaptitude, il nous aurait renvoyé à notre point de départ.

Maintenant, c'est différent, c'est la Justice qui a « jugé » que nous étions en possession des qualités nous permettant le franchissement de cette huitième porte. Le «gardien du seuil» nous laisse passer, mais de plus, il devient notre guide.

Nous pouvons l'imaginer, lui, le gardien de la Connaissance, se déplaçant devant nous pour nous guider et nous signaler les obstacles. Sur le Tarot d'Oswald Wirth, il est représenté sous la forme d'un petit animal qui ressemble à un serpent. Le serpent est le symbole de la Connaissance et, sous la forme du dragon, il en est le gardien.

Nous vous recommandons de vous familiariser avec ces récits, ces mythologies et ces légendes qui expliquent pourquoi serpent et dragon apparaissent dans les grands textes de l'humanité en rapport avec les chemins initiatiques. Nous ne pouvons vous en offrir ici qu'une brève synthèse.

LE SERPENT ET LA CONNAISSANCE

Le serpent test mal considéré dans notre civilisation car c 'est lui qui a offert à l'humanité le fruit de la connaissance, alors que les hommes n'étaient pas prêts à la recevoir et à l'utiliser. Dans le jardin d'Éden, il apparaît sur les branches d'un arbre et présente le fruit de la connaissance, en l'occurrence une pomme. Le choix du serpent est judicieux car il est le seul animal capable d'être en contact avec la matière en rampant sur le sol, de s'élever jusqu'à la verticalité vers le ciel, et de s'enrouler pour se mordre la queue en formant ce qu'on appelle « l'ouroboros », un cercle qui révèle ce qui n'a ni début ni fin : l'éternité. Il peut paraître étrange que le fruit de la connaissance soit une pomme, puisque la scène est censée se dérouler dans une région où les pommiers sont rares et où les arbres fruitiers sont principalement les figuiers, les palmiers dattiers, les amandiers. Pourquoi la pomme ?

Ce n'est pas sans intention que ce choix est intervenu et vous allez en découvrir la raison. Prenez une pomme et coupez-la en deux parties égales dans le sens de sa largeur ; c'est-à-dire dans le sens de son « équateur ». Séparez les deux parties et regardez. Les pépins de cette pomme dessinent nettement une étoile à cinq branches. Reportez-vous à la lame 5, à l'enseignement que transmet le Pape et au symbolisme de l'étoile à cinq branches. Le serpent propose la connaissance à Eve parce que la femme est plus réceptive. Nous connaissons la suite...

L'Ermite est un personnage d'un âge avancé, avec une certaine sagesse et des acquis. Ses yeux blancs confirment qu'il voit au-delà de la réalité apparente. Il avance lentement sans s'appuyer sur le bâton qu'il tient devant lui. Sa lanterne n éclairé pas le chemin ; elle représente la lumière intérieure qui l'éclaire. À ce point de son évolution, il a besoin de se retirer pour réfléchir et méditer. Son vêtement jaune est de la couleur de l'intellect dans l'apaisement et la spiritualité du bleu. Il les protège et se protège par un grand manteau de couleur terre, peu visible. Il s'enferme dans sa grotte intérieure ; il est à couvert. Il s'éloigne de la société parce qu'il a le sentiment qu'il ne peut plus être compris. Il vient de passer la porte la plus importante, car s'il n'avait pas été admis, son rejet aurait été définitif. Sur le Tarot de Wirth, son bâton représente sa colonne vertébrale marquée des sept chakras qui confirment qu'il a accompli un travail sur lui-même. C'est le moment de s'éloigner et de s'isoler.

Cette lame est celle de l'intériorité et de la méditation qui préparent l'avenir. Le neuf est le nombre de la gestation, des neuf mois de grossesse qui préparent la naissance, et le renouveau. Ce retrait est parfois nécessaire dans la vie courante et il a été appliqué en politique où il est appelé « la traversée du désert ». Quand un homme politique disparaît de la vie publique, il ne s'agit pas d'un retrait définitif, mais d'une lente préparation de son avenir. On pourrait citer plusieurs exemples, dont celui du général de Gaulle, ou encore de Lénine.

Durant le temps de sa solitude, l'Ermite ne s'adresse pas aux foules ; il ne reçoit que ceux qui viennent vers lui, ceux dont il apprécie les qualités de recherche sincère. Il ne se confie à eux qu'après s'être assuré qu'ils sont capables de le comprendre. Il dispose d'une clarté qui pénètre, fouille et analyse l'intérieur des choses et des êtres. L'image de l'Ermite nous rappelle la démarche de Diogène qui, en plein jour, se munissait d'une lanterne en déclarant : « Je cherche un homme. » Elle nous rappelle aussi une phrase que l'on trouve dans les Évangiles et qui a été également commentée par Nostradamus : « Ne donnez pas de perles aux pourceaux de crainte qu'ils en fassent mauvais usage et qu'ils se retournent ensuite contre vous. »

À propos de l'Ermite, Oswald Wirth a écrit : « Ce rêveur peut préparer de formidables événements, car, ignoré de ses contemporains, il devient l'artisan effectif de l'avenir. Détaché des contingences présentes, il tisse avec abnégation la trame de ce qui doit s'accomplir. Il est un "maître secret" qui travaille dans l'invisible pour conditionner le devenir en gestation. »

Le nombre 9 est considéré comme un nombre divin, mais surtout comme « le nombre secret » qui se cache derrière le 8 apparent. Il est toujours présent dans l'histoire des Templiers qui, cependant, dans leur architecture, présentaient toujours le nombre 8 avec l'octogone.

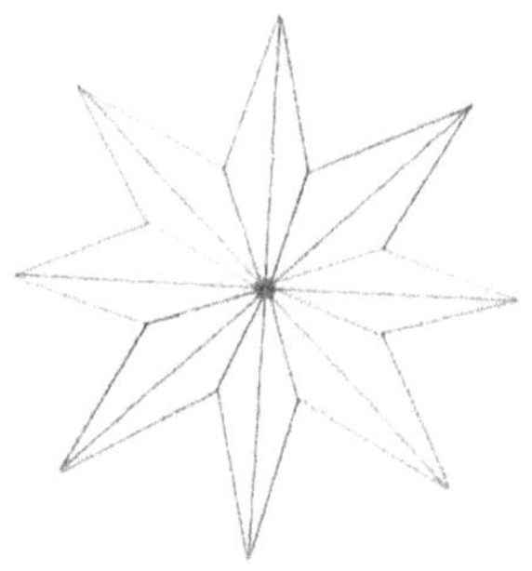

L'étoile à huit branches cache le 9 en son centre.

Ce centre, c'est le moyeu qui fait tourner la roue et qui constitue l'essentiel de cette roue. C'est une géométrie qui rayonne. Elle annonce le rayonnement actif qui va succéder à une préparation basée sur les acquis.

Avec le 9, le cycle des unités se termine et c'est l'entrée dans les dizaines. C'est donc un achèvement pour un nouvel accomplissement.

L'isolement que nous propose la lame 9 est indispensable pour la gestation qui concerne la suite de notre cheminement. Elle ne peut se faire que dans le silence et dans une remise en question lucide, éclairée par les acquis déjà accumulés.

C'est un cheminement lent, discret, mais sûr.

LAME 10
LA ROUE DE FORTUNE

S'isoler ne doit durer qu'un temps, un temps indispensable mais qu'il faut interrompre pour se joindre aux autres afin de faire tourner la roue du destin.

Nous repartons dans un nouveau triangle, car le 10 correspond au 1. C'est un tournant de la vie qui nous fait passer des unités aux dizaines. Après avoir accumulé des acquis, après avoir médité et préparé l'avenir, il convient de savoir gérer sa vie. Que nous le voulions ou non, « la roue tourne », et autant la faire tourner selon nos aspirations, ce qui nous impose de prendre notre vie en mains.

La roue de notre destin est semblable à un bateau en forme de demi-lune ballotté sur les flots des eaux primordiales ou sur des sables mouvants. Rien n'est stable.

Nous retrouvons notre arbre de vie avec les serpents qui s'entourent autour. Il va falloir réussir à les maîtriser, sinon le sphinx qui domine cette image risque d'intervenir. Ce sphinx, dont la tête est rouge, affiche au-dessus de sa coiffe le symbole du soufre qui représente le feu des forces infernales. Quand on craint une mauvaise intervention, on dit : « Ça sent le soufre. »

Nous retrouvons l'idée des énergies qui montent le long de nos chakras. Ce feu-lumière, selon l'expression des alchimistes, ou cette kundalini, ne doit pas monter trop vite sous peine de devenir un « illuminé ». Il faut toujours maîtriser la montée des énergies et l'accès à la Connaissance. Il ne faut pas vouloir gagner du temps. C'est un avertissement : faire tourner sa roue, mais ne pas la laisser s'emballer.

Dans ses pulsions, l'être humain est mi-animal, mi-homme. Le sphinx nous le rappelle qui est toujours constitué du corps d'un animal (lion ou bélier) et d'une tête humaine. Encore une ambivalence qui nous place entre des tendances spirituelles et divines et des tendances animales parfois diaboliques.

Travailler sur soi comporte toujours des risques. Si l'on se sert de ses acquis et de ses connaissances pour des buts négatifs de puissance et de domination, on peut perdre la raison jusqu'à sombrer dans une forme de folie qui est toujours aux aguets.

Il est toujours possible de choisir et de préférer le petit animal qui monte à droite en tenant dans ses mains le caducée d'Hermès, le travail alchimique qui mène à la réalisation par la transmutation, plutôt que l'animal armé de la fourche du diable qui descend du côté gauche. Encore une fois, il faut trouver l'équilibre entre les tendances animales et spirituelles et obtenir la stabilité malgré les conditions difficiles, pour connaître l'envol d'une façon saine.

Il ne faut pas oublier que faire tourner la roue du destin ne constitue pas un acte isolé. Nous ne sommes plus dans le contexte de la lame 9. Nous sommes dans la société où nous avons aussi notre rôle à jouer avec les autres et pour les autres. L'interdépendance ne nous permet pas d'agir égoïstement, malgré les risques que nous révèle la lame 10. Le sphinx intervient sur le plan cosmique. Dans le quotidien, nous devons agir de façon positive et ne jamais nous résigner. Nous pouvons considérer que nous possédons une part de libre arbitre, mais dans un cadre déterminé, et que nous devons nous en servir.

Il arrive que des images de lames du Tarot soient reproduites en des lieux où nous ne les attendons pas.

C'est le cas de cette lame 10 qui constitue le vitrail, en rentrant à droite, de l'église d'un petit village du département de l'Aude. Nous n'avons pas résisté à la curiosité de photographier ce vitrail.

Il est toujours visible à Bugarach, cette petite localité au pied d'un pic remarquable.

La lame 10 du Tarot sur un vitrail de l'église de Bugarach.

LAME 11
LA FORCE

Nous retrouvons une femme jeune qui ouvre la gueule d'un lion sans effort. Sa fragilité apparente contraste avec la force redoutable du roi des animaux qui semble se soumettre à sa douce volonté. C'est une illustration de la toujours nécessaire conciliation des contraires.

Ce n'est pas une domination ; c'est une application d'une force de l'intelligence, plus efficace que la force physique. C'est aussi la maîtrise par le courage et la force spirituelle.

Sa coiffe en forme d'oméga indique que ses possibilités n'ont pas de limites. Cette coiffe est surmontée d'une couronne solaire. Sa cape, couleur de son énergique activité, est attachée par une cordelette qui forme le V de la victoire et sa robe bleue confirme sa spiritualité et son calme. Ses manches jaunes mettent sa force intellectuelle au contact de l'animal. Ce résultat est possible dans notre monde symbolisé par le vert, couleur de la nature.

Le lion, malgré sa réputation de férocité, porte un nom qui nous invite au contact paisible. En langage des oiseaux, gymnastique des sonorités des mots fréquente dans le domaine de l'alchimie, nous considérons que « lion » avec un s correspond au verbe lier, soit « se lier, sympathiser cordialement, collaborer ».

C'est une invitation réalisée par la lame 11. Nous retrouvons souvent l'image du lion dans le domaine de l'alchimie où la présence de deux lions est fréquente : le lion vert et le lion rouge. De plus, il est fréquent que l'animal soit représenté avec un enfant à ses côtés ou sur son dos.

À Montpellier, les symboles de l'alchimie sont toujours présents. De part et d'autre, à l'entrée de la promenade du Peyrou, deux grandes sculptures représentent des enfants sur le dos d'un lion. Comme la lame 11 du Tarot, elles symbolisent la force apprivoisée par la pureté.

Ouvrir la gueule d'un lion est également un geste symbolique qui indique que le lion est en accord et accepte ce geste. Dans le cas contraire, il est évident que l'être humain serait vite vaincu.

Dans le Tarot de Wirth, le lion est de la couleur de la terre rougeoyante : matérialité et force violente. Il convient de considérer les significations du grand symbole que nous offre cette lame.

Ce lion est l'image des forces négatives qui sont en chaque être humain. Elles sont trop puissantes pour qu'il soit possible de les combattre. Les dompter serait également prétentieux, car il s'agirait de s'imposer par la force dans une confrontation d'où l'animal sortirait vainqueur.

Ces forces existent. Alors, que faire pour ne pas les subir ?

La solution consiste à les récupérer et à les transformer par une opération semblable à celles de l'alchimie. Il faut transmuter le mal en bien pour ensuite en utiliser toutes les forces dans un sens positif. Pour réaliser cette opération, nous devons d'abord prendre conscience de ces forces en nous et de l'impossibilité de les combattre ou de les dompter. Un seul mot paraît convenir ; nous devons les apprivoiser.

Pourcela, nous penseronsau proverbe qui affirme : Patience et longueur de temps font plus que force ni que rage. Nous nous rappellerons la phrase que Saint-Exupéry fait dire au renard qui sympathise avec le Petit Prince : « Apprivoise-moi. » Oui, il faudra le temps d'un long travail sur soi, dans le calme et en méditant sur ce symbolisme. Pour aider nos méditations, nous pourrons placer devant nous l'image agrandie de la lame 11 et en assimiler toutes les significations. Alors, en fermant les yeux, nous verrons cette lame, nous visualiserons tous les éléments symboliques qu'elle contient et nous laisserons aller notre esprit et nos pensées, sans aucun effort de volonté, au-delà de notre mental...

Nous insistons particulièrement sur ce travail qui apporte une réelle efficacité dans le cadre du développement personnel et qui nous donne « la force » de poursuivre notre route sur le chemin initiatique. C'est une victoire sur soi-même.

Il s'agit évidemment d'une lutte intérieure en soi que souligne le nombre 11.

Nous sommes face à une dualité, à l'opposition du bien et du mal :

11 = 1+1=2

Le 11 est avec le 22 un maître nombre du Tarot. Il correspond à la force des explosions solaires qui ont lieu tous les onze ans et influencent le magnétisme terrestre.

Il est intéressant, parallèlement au travail à partir des Tarots, de compléter l'étude du symbolisme et des particularités de tous les nombres qui vont du 1 au 22.

Nous avons approfondi « la vie secrète des Nombres » dans notre livre *Cours complet de numérologie*, paru aux éditions Trajectoire.

LAME 12
LE PENDU

Avec la lame 12, nous rencontrons un personnage qui s'est mis lui-même dans une pénible situation. Il a un pied attaché à une poutre et sa tête est tournée vers le sol. Il a les mains derrière le dos et se trouve dans l'inaction totale. En plus, nous voyons qu'il perd ses énergies symbolisées par les pièces de monnaie qui tombent de ses poches. C'est l'abandon de lui-même, c'est le mystique qui rejette tout ce qui correspond à la société.

Nous remarquons que son corps dessine le symbole du soufre : ses bras et sa tête forment un triangle pointe en haut et ses jambes forment une croix au-dessous. Évidemment, par sa position inversée, ce symbole serait celui d'une réalisation négative. Le feu intérieur l'a amené à cet abandon. Il est pendu, mais il n'est pas mort, carsi les branches coupées indiquent qu'il a abandonné les trésors matériels, elles indiquent aussi par leurs bourgeons qu'il reste de la vie et de l'activité. C'est dans un contexte de dévouement sur le plan de la spiritualité et du mystique, peut-être jusqu'au mysticisme, que cet être se met dans cette situation d'abandon.

Se mettre dans un tel état par le désir et le besoin de se dévouer aux autres indique combien ce dévouement considéré positif peut aboutir à du négatif. De nombreux exemples interviennent dans la société où des qualités exacerbées aboutissent à des défauts. Par exemple, quelqu'un d'économe peut devenir avare. Des limites sont à respecter en toutes circonstances.

Il en est de même sur le plan des actions généreuses qui ne doivent pas entraîner le dépassement de ses possibilités jusqu'à l'oubli de soi. Bien des textes nous le rappellent. Par exemple, cette sentence : La première charité commence par soi-même. Donner, c'est bien, mais il est nécessaire de posséder pour donner. À quoi servirait de donner

son portefeuille à celui qui n'a pas d'argent, si ce portefeuille est vide ? Le mot charité utilisé dans le sens du mot amour nous dit bien que la première des charités, donc du premier amour, consiste à s'aimer soi- même... sinon, comment pouvoir aimer les autres ? Penser à soi et se protéger n'est pas une manifestation d'égoïsme, mais de lucidité. Un exemple bien connu est à citer. Il s'agit de l'histoire de saint Martin qui parcourt à cheval les sentiers enneigés d'une forêt où règne un froid intense. Il rencontre un vieillard presque nu qui grelotte et est en piteux état. Saint Martin arrête son cheval et pose son manteau. Avec son épée, il coupe ce manteau en deux et en donne une moitié au vieillard à qui il sauve ainsi la vie. Bien des gens, ne mesurant pas leur générosité, auraient donné tout le manteau... et peut-être même le cheval. Ils n'auraient cependant sauvé qu'une vie... et auraient sérieusement handicapé leur propre vie. Ces gens hyper dévoués éprouvent une grande satisfaction en dépassant leurs limites raisonnables. Ils risquent d'atteindre ici les limites de l'orgueil, sans s'en rendre compte.

Nous avons connu des personnes possédant une haute valeur morale et spirituelle qui vivaient pour les autres, à leur propre détriment. Elles en ont subi les irréversibles conséquences.

Après un cheminement actif sur la route de l'initiation, la lame 12 aborde un domaine différent qu'on peut qualifier « d'initiation passive ou mystique ». Cette évolution peut menerdu mystique au mysticisme et au fanatisme qui va de l'abandon à la destruction de soi. Ce personnage a bien compris qu'il était nécessaire de faire tourner sa roue et de prendre sa vie en mains, mais il l'a fait d'une façon destructrice. Cette lame est un avertissement qui nous rappelle la nécessité de rester lucide, de connaître les limites de nos possibilités et de bien identifier le but de notre cheminement spirituel.

Nous devons trouver le juste milieu afin d'agir vers les autres sans en attendre quoi que ce soit, mais en préservant nos intérêts légitimes. Être au-dessus de la matière est un idéal qu'il convient de modérer car nous sommes matière et esprit, et nous avons besoin de ce qui est matériel pour vivre.

Le juste milieu ne nous impose pas de rester suspendus entre ciel et terre. Le chemin initiatique nous impose le mouvement, l'activité dans la réflexion et la lucidité dans tout ce que nous entreprenons pour les autres et pour nous-mêmes.

LAME 13
LA LAME SANS NOM

Cette image est illustrée par un squelette qui, au premier abord, évoque la mort.

Mais ce squelette a une allure particulière car son visage semble sourire, tandis qu'il tient une faux d'une façon inhabituelle et que, de plus, cette faux a un manche de couleur rouge, symbole de la vie. Les parties de corps humain sont également de la couleur ocre rosé de la vie et présentent une tête couronnée à côté d'une autre tête, et des membres différents. Nous sommes tous dans la complète égalité à l'aboutissement de la vie... qu'il s'agisse de la vie physique ou de la vie initiatique.

Ces parties humaines et la végétation qui sort du sol nous indiquent que rien ne se perd et que tout renaît à partir de la terre, à partir de ce compost qui marque le début de l'œuvre alchimique avant les transmutations. Nous devons donc interpréter les significations de cette lame dans son sens symbolique et non pas au premier niveau.

La mort permet la re-naissance. La graine doit mourir en terre pour que la plante pousse. Rien ne se perd, rien ne se crée, tout se transforme et Hermès Trismégiste précise « par adaptation ». Les conclusions qui en sont tirées dépendent de la formation culturelle de chacun sur les plans philosophique et religieux : réincarnation, résurrection, mêtempsychose, etc.

Sur notre parcours initiatique, nous rencontrons cette lame qui ne porte aucun nom. Ne pas avoir de nom concerne la période au cours de laquelle est parcourue la route de l'initiation. Cette route a pour but de révéler à celui qui chemine qui il est vraiment en lui offrant l'enseignement des 22 étapes. À terme, il va « tuer le vieil homme » et renaître dans sa nouvelle identité. Nous verrons comment les initiations aboutissent aussi à un changement de nom. Dans ce sens, nous osons dire : « La lame sans nom est éloquente. »

Le Grand Secret de l'Initiation, c'est « savoir mourir pour renaître ». Il s'agit de quitter symboliquement sa vie, sa position, sa personnalité pour renaître à une vie supérieure et s'élever.

Oswald Wirth a écrit : « Le profane doit mourir pour renaître à la vie supérieure que confère l'initiation... S'il veut conquérir son autonomie intellectuelle, il doit rompre avec les préjugés qui lui sont chers et mourir ainsi à son habituelle façon de penser. Pour naître à la liberté de la pensée, il faut s'affranchir en mourant à tout ce qui s'oppose à la stricte partialité du jugement. »

Dans l'Égypte antique, les cérémonies d'initiation avaient lieu dans les « écoles de mystères » dont des textes nous sont parvenus. Les scènes décrites par ces textes présentent Anubis qui faisait passer les gens parles eaux du grand lac pour cheminer vers un autre monde. Ces descriptions indiquent tout le déroulement de cérémonies funéraires : la traversée du lac guidée par Anubis, la rencontre avec Osiris, jusqu'à la renaissance dans une autre vie. Ces textes ont tous été interprétés comme étant la description poétique de funérailles réelles sans envisager qu'il pût s'agir de cérémonies initiatiques et de morts symboliques. Quand on connaît l'importance de l'initiation dans la civilisation égyptienne, on peut tenter de transposer ces textes-là pour y lire la description de morts initiatiques.

La lame 13 nous invite à poursuivre notre chemin initiatique pour renaître dans un être nouveau.

Il est à remarquer que cette renaissance est souvent soulignée par un nouveau nom. Il en est ainsi encore à notre époque où les personnes qui entrent en religion ne conservent pas leur ancien nom mais en prennent un nouveau après avoir formulé leurs vœux. Le pape lui-même change de nom tout de suite après son élection.

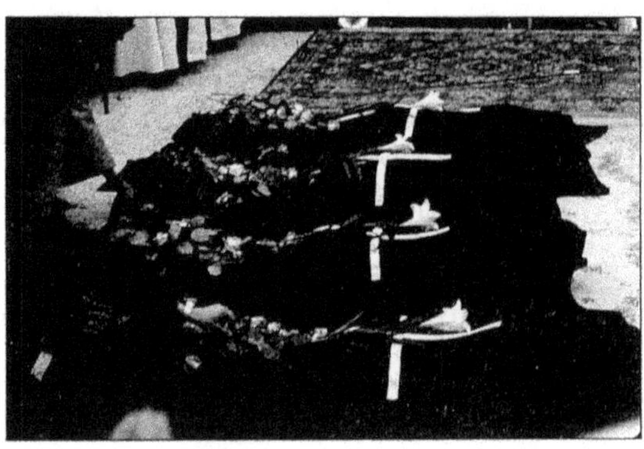

Des corps allongés sous des draps noirs.

Nous avons pris cette photo lors d'une cérémonie de « prise de voile » dans le couvent du Fréchou dans le Lot-et-Garonne. Sous les draps noirs se trouvent plusieurs jeunes filles qui viennent de prononcer leurs vœux.

Elles sont arrivées à cette cérémonie initiatique en toilettes élégantes semblables à des robes de mariées. Allongées devant l'autel, elles ont été recouvertes de draps noirs ressemblant à des linceuls. Leurs parents et amis sont venus déposer des fleurs sur ces draps. C'est l'instant de leur mort initiatique.

Lorsqu'elles se relèveront, elles revêtiront leur tenue de religieuse et elles adopteront leur nouveau nom.

Changer de nom, changer d'identité correspond à se transformer en une autre personnalité. Nous le remarquons lorsqu'il s'agit de religion ou de prise de pouvoir, comme pour les rois et les papes. Mais, curieusement, nous le constatons souvent dans le monde profane où le changement de nom entraîne un changement de la personnalité. Par exemple, Bonaparte a été un homme différent quand il est devenu Napoléon.

Nous pouvons citer quelques exemples dans le monde artistique où l'utilisation d'un pseudonyme a entraîné de profonds changements. Dans l'histoire antique, un exemple est remarquable, celui du pharaon Aménophis III qui a pris le nom d'Akhenaton et a déclenché un grand bouleversement spirituel en Égypte.

Le nombre 13 ne laisse jamais indifférent par les superstitions qu'il suscite.

LE 13 ET LES SUPERSTITIONS

Dans ce domaine de la superstition, les avis sont partagés en ce qui concerne le nombre 13. Est-il un jour de chance ou un jour de malchance ? Pour certains, c'est l'occasion de miser sur un jeu de hasard, tandis que pour d'autres, c'est la crainte du nombre 13 auquel on prête des vertus magiques. Qui n'est pas un peu superstitieux ? Il est fréquent de répondre à cette question par une boutade : « Moi, je ne suis pas superstitieux parce que ça porte malheur. » Être superstitieux, c'estcroire aux présages révélés par des faits, des rencontres ou des situations auxquels nous attribuons la possibilité d'influencer le déroulement de notre vie. C'est aussi ne pas avoir une entière confiance en soi et en son libre arbitre. C'est prendre le risque de se sentir dépendant de multiples causes plus ou moins anodines. Ces « croyances » varient selon les époques et les religions, mais il existe un « tronc commun » qui concerne toute l'humanité et qui n'est pas toujours sans fondement.

Par exemple, le fait de renverser une salière déclenche toujours chez quelqu'un la réaction : « Attention, ça porte malheur ! » Au long des siècles, le sel fut précieux, rare et recherché ; il était mal vu de le gaspiller. Lorsque, dans une conversation, des possibilités de désagréments sont évoquées, il est coutume de dire : « Touchons du bois. » Pour conjurer le mauvais sort, les superstitieux préciseront : « Touchons du bois rond. » Pour les voyageurs d'autrefois, il pouvait être utile de serrer fortement son bâton lorsqu'une silhouette menaçante apparaissait au détour d'un chemin.

Le treizième considéré comme le plus puissant apparaît dans la mythologie grecque avec Zeus dans le cortège des douze dieux et avec Ulysse, treizième de son groupe et qui échappe à la mort. Le 13 était le nombre sacré des Mayas qui, en astronomie, observaient les treize lunaisons de Tannée. Pour les Aztèques, le 13 est le nombre des temps qui représente l'achèvement de la série temporelle. Avant eux, les Chaldéens accordaient une grande importance au 13. Y a-t-il eu une connaissance transmise de continent à continent à travers les millénaires ?

Cette puissante magie du 13 a été considérée comme étant de mauvais augure. Lorsque Philippe de Macédoine fut assassiné, c'est peu de temps auparavant qu'il avait ajouté sa propre statue à celles des douze dieux majeurs lors d'une procession. La Kabbale dénombre treize esprits du mal. Quant au treizième chapitre de l'Apocalypse, il est celui de la Bête et de l'Antéchrist. Aujourd'hui, dans de nombreux hôtels, la chambre 13 n'existe pas.

La civilisation chrétienne fait remonter aux derniers jours de la vie du Christ la crainte du 13... comme celle du vendredi. Lors de son dernier repas, ils étaient treize à table, Jésus et les douze apôtres. Il leur annonça que l'un d'eux allait le trahir, ce qui se produisit et fit parfois qualifier le 13 de « nombre de Judas ». C'est à l'origine de la croyance qui existe encore de nos jours et qui dit que lorsqu'on se trouve treize à table, l'un des convives mourra dans Tannée, à l'instar du Christ. Les exemples de cette superstition ne manquent pas ; ils sont parfois cocasses. Victor Hugo fit asseoir son cocher à sa table le soir où le quatorzième convive était absent. Alexandre Dumas refusa de s'asseoir lors d'un repas dans un restaurant car il s'était aperçu que douze personnes participaient avec lui à ce dîner ; il fallut inviter une quatorzième personne. À cette époque, la mode était aux dîners en ville et il existait le métier de quatorzième. Des personnes se spécialisaient pour interpréter ce rôle et étaient payées pour cela. Certains subterfuges étaient quelque peu naïfs pour conjurer le soi-disant mauvais sort : ainsi, le poète Gabriele d'Annunzio refusait de dédicacer ses ouvrages en 1913 autrement qu'en écrivant : 1912 + 1.

Une anecdote personnelle est également significative pour illustrer la crainte irraisonnée que peuvent inspirer le 1 3 et la lame sans nom du Tarot. Lors d'un festival de voyance, dans les années 1990, une personne vient vers nous et, avec le sourire, nous pose cette question : « Pouvez-vous me dire quand mon mari va mourir ? » Tout de suite, elle nous explique pourquoi elle pose en souriant une telle question. Alors que son mari était malade et que les médecins ne lui accordaient pas plus de deux années de survie, elle avait consulté plusieurs voyants.

Chaque fois, la lame 13 apparaissait et, la plupart du temps, lui était confirmé le prochain décès de son mari qui était au courant de cette situation. Ils étaient tous deux âgés d'une cinquantaine d'années et avaient envisagé de construire une villa pour leur retraite. D'un commun accord, ils décidèrent de vendre le terrain de cette future villa, de réunir d'autres biens et de partir ensemble dans un grand et long voyage.

C'est ce qu'ils ont fait durant plusieurs mois au cours desquels le mari allait de mieux en mieux... Il y avait de cela près de cinq ans, et il était toujours en parfaite santé.

Nous lui avons expliqué que le Tarot avait vu juste, mais que l'interprétation des tirages était erronée. Le 1 3 annonçait une mort, mais pas nécessairement une mort physique. C'était la fin de leur façon de vivre. Mourir pour renaître ; puisqu'elle leur avait permis une renaissance inattendue qu'ils ne pouvaient pas soupçonner.

Le Tarot est un livre initiatique, un livre de symboles qui est à interroger dans ce contexte. Il nous guide dans notre vie spirituelle et nous permet d'aborder une autre réalité dans notre évolution.

La « lame sans nom » doit être un sujet de méditation positive, loin des idées reçues que la mort initiatique nous a aidés à abandonner.

LAME 14
LA TEMPÉRANCE

Après avoir connu la renaissance, plus on avance sur le chemin initiatique, plus on se rend compte que la prise de conscience devient importante.

La lame 14 nous fait ressentir la transmission des énergies qui se manifestent du haut vers le bas. C'est la lame de la communication, comme nous l'avons déjà connue avec la lame 5. Si l'on additionne 1 + 4, on obtient le 5. La lame 5, c'est le Pape, celui qui transmet.

Nous voyons une femme dont la chevelure est d'or avec le symbole du soleil au sommet de sa tête. Ses ailes indiquent qu'elle connaît le monde de l'esprit. Par son évolution spirituelle, elle fertilise la terre en versant le liquide de l'urne d'argent dans l'urne d'or. L'énergie du liquide qui vient d'en haut est une énergie spirituelle semblable à celle de l'eau du baptême. Sur certains Tarots, le liquide qui coule d'une urne à une autre présente un mouvement ondulatoire qui souligne qu'il s'agit bien d'une énergie, d'une vibration ; d'une onde. Ce qui est frais va se réchauffer dans cette transmission d'énergie. C'est la lame du « magnétisme ».

On retrouve la petite fleur dont la tête commence à pencher et qui va être fertilisée. C'est la circulation des énergies qui redonne la vie. Cette circulation d'un vase à l'autre se fait sans l'intervention d'un conduit pour diriger les énergies qui sont célestes, mais qui sont aussi l'énergie vitale, le magnétisme humain, transmis d'un être à un autre et qui peut être échangé entre eux.

Il nous paraît intéressant de citer un texte d'Oswald Wirth qui commente cette lame : « Le mystère des deux urnes domine toute la thaumaturgie thérapeutique, dont les miracles s'accomplissent à l'aide du fluide universel. »

C'est d'en haut que le magnétiseur reçoit l'énergie qu'il va transmettre.

Dans la suite de ce texte, Wirth précise dans quel état psychique doit se trouver ce magnétiseur qui « n'est pas qu'un canal » mais qui participe à la qualité de ce qu'il transmet par son état spirituel, son travail et sa lucidité. « Les débutants en l'art de guérir disposent, le plus souvent, d'une urne d'or débordante. Ils transmettent alors à autrui leur fluide personnel et pratiquent le magnétisme curatif en commandant aux courants vitaux. Si l'urne d'argent ne leur est pas révélée, ils restent apprentis guérisseurs, incapables d'action continue et plus largement efficace. Le vrai miracle, qui est à la portée de toute âme pure foncièrement généreuse, dépend de l'extérieur de notre sphère sentimentale. C'est ainsi que se pratique la vraie médecine des sages. » Donc, cette possibilité est ouverte à tous à la condition de se placer dans un état spirituel de pureté et de générosité.

Et Oswald Wirth ajoute : « L'art de guérir à l'aide de forces mystérieuses se fonde essentiellement sur la pureté et l'âme du guérisseur. » Ce texte figure dans le livre d'Oswald Wirth, *Les Imagiers du Moyen Âge* (éditions Sand/Tchou). Nous remarquons que l'auteur reprend un début de phrase utilisé couramment par Anton Mesmer qui a été le premier â expliquer le « magnétisme humain » à la fin du XVMe siècle. Il cite L'Art de guérir. Il est à remarquer une « correspondance » qui ne peut pas être une coïncidence quand Anton Mesmer écrit : « Son action a lieu à une distance éloignée, sans le secours d'aucun corps intermédiaire. » À propos du magnétisme, cette phrase du « mémoire de Mesmer » constitue sa quatorzième proposition. Le Tarot a-t-il inspiré ce génial médecin ?

Le nom de Tempérance est donné à la lame 14 pour indiquer que les énergies qui sont transmises doivent l'être dans les meilleures conditions, symbolisées par : ni trop chaud, ni trop froid, mais tempéré. La façon de transmettre doit également comporter cette qualité de « tempérance » : tranquillité, patience et sagesse.

La vitalité que nous a octroyée notre re-naissance après la lame 13 nous a régénérés, et nous pouvons poursuivre notre route vers des étapes qui ne pourront être franchies qu'avec cette force spirituelle.

LAME 15
LE DIABLE

Après la Tempérance qui nous donnait des indications pour poursuivre efficacement notre chemin initiatique, nous découvrons la lame 15 qui est une mise en garde. Tout ce que nous avons acquis constitue une force. Mais c'est dans notre condition matérielle qu'elle est mise à notre disposition.

Notre dualité matière et esprit ne doit pas nous entraîner vers le négatif et nous devons continuer à apprivoiser les forces de la bête qui est en nous.

Le Diable nous apparaît debout et droit sur un cube auquel deux diablotins sont attachés. Nous risquons d'être comme ces esclaves attachés à la matière... L'un paraît être féminin et l'autre masculin. Le Diable présente des caractéristiques du masculin et du féminin ; il est androgyne et exprime l'ambivalence de notre monde. Il est en opposition avec l'unité. Dans sa main gauche, il présente la pénétration du masculin et du féminin. Il affiche le symbole du mercure sur son sexe, alors que ce symbole alchimique se place au plus haut niveau. Sur son front est mise en évidence l'étoile à cinq branches renversée ; symbole et onde de forme des forces maléfiques actives. Nous sommes prévenus que notre évolution peut être mise au service des forces du mal. Et nous avons le libre choix, comme dans la lame 6 (15 soit 1 +5 = 6).

Sur son bras gauche est inscrite une phrase : Solve goagula. Ces mots peuvent être interprétés de différentes façons. Contentons-nous de considérer que le Diable propose de dissoudre et de coaguler la fluidité des énergies de la lame 1 4 pour les transformer en matière et les utiliser à son service.

Ses ailes ne sont pas semblables à celles que nous avons rencontrées avec la lame 5 et la lame 14, qui étaient légères et dans la spiritualité. Celles du Diable sont lourdes et ont la forme d'ailes de chauve-souris ou de vampire qui ne se déploient que dans l'obscurité. Le bâton de

commandement qu'il tient de sa main droite est surmonté de ia flamme du soufre et du feu de l'enfer. Sa tête rouge de la force violente qu'il représente est surmontée de cornes agressives qui sont également des antennes, car il capte toutes les énergies de l'univers pour les mettre à son service. Il est l'image d'un « être humain et animal » dont les pieds fourchus soulignent l'attachement à la matière.

Nous devons avancer en utilisant tous nos acquis dans des pensées et des actions toujours positives, autant dans le matériel que dans le spirituel. La mise en garde du 15 nous rappelle que nous ne sommes jamais à l'abri des influences des forces du mal.

LAME 16
LA MAISON-DIEU

Nous rencontrons un premier édifice dans le Tarot avec la lame 1 6 à laquelle on donne parfois le nom de « la tour foudroyée ». Cette tour est de couleur humaine.

Nous bâtissons notre propre construction, notre temple intérieur. Nous nous élevons spirituellement. Mais nous devons le faire dans la lucidité et sans vanité. Si nous avons l'illusion et la prétention de posséder les moyens de faire concurrence à Dieu, nous risquons le coup de semonce qu'illustre cette lame.

Dans un lointain passé, l'histoire de la « tour de Babel » confirme ce danger.

DE LA TOUR DE BABEL À NOTRE ÉPOQUE

Pour tenter d'escalader le ciel, les descendants de Noé construisirent une tour qui est devenue le symbole de l'orgueil des hommes. Le châtiment intervint avec la confusion des langues qui fit que les humains ne se comprirent plus, il y a bien longtemps de cela...

Aujourd'hui, au xxT siècle de notre ère, depuis des tours aussi vulnérables que la tour de Babel, tout le monde parle et projette sa voix sur toute la surface de la Terre, sans toutefois se faire entendre.

Nos très lointains ancêtres célébraient leurs cultes dans des grottes. Plus proche de nous, le recueillement religieux se manifestait dans des chapelles romanes sombres et basses. Et puis, ce fut l'illusion d'avoir trouvé la lumière par des célébrations fastueuses dans des cathédrales qui s'élevaient toujours plus haut, avant que les édifices profanes les dépassent et n'en finissent plus de les dépasser par l'altitude pour affirmer d'autres prétentieuses dominations. C'est « une démesure »

qui n'en finit pas puisque des architectes envisagent de construire un immeuble qui s'élèvera à une hauteur de mille mètres.

Un proverbe nous prévient : Qui sème le vent récolte la tempête. Dans leur folie de puissance, y ont-ils pensé, ceux qui ont armé des chefs de guerre en leur donnant les moyens de défendre des intérêts contradictoires et « réversibles » ? Réversibles... deux mots terribles en un seul : « revers » et « cibles »... C'est le tangage des oiseaux... Ils furent terrifiants, ces sinistres oiseaux de métal qui, le 11 septembre 2001, dans les « revers » de la politique, prirent pour « cibles » et détruisirent les tours d'une Babel où le langage de l'argent avait créé une tragique confusion des langues, des pensées et des idéaux.

L'ambition qui pousse à s'élever jusqu'au ciel déclenche le coup de semonce. Il doit faire prendre conscience des limites qui sont les nôtres. C'est un « coup de semonce », c'est un avertissement qui n'est pas une destruction. Un autre proverbe dit : Un homme averti en vaut deux. L'avertissement est salvateur si nous en tenons compte.

L'avertissement nous ramène à la raison en frappant au sommet, au niveau de la tête. Sans pénétrer dans un contexte de superstition, nous remarquons que c'est le nombre 16 qui indique la décapitation de la « tour humaine ». Nous faisons une relation avec le roi Louis XVI qui a été décapité... alors que son nom était Capet. Dans le Midi, une rivière a pour nom « la Cèze ». Elle coule à proximité des centrales nucléaires, ces usines qui utilisent les forces diaboliques de notre époque... Autre coïncidence, le pape du début de notre siècle a pour nom Benoît XVI.

Vouloir s'élever trop haut représente toujours un danger. Nous sommes éblouis par l'illusion de nous placer au-dessus des autres dans la poursuite de buts qui ne sont que chimères. Nous devrions savoir que ce sont les sommets qui attirent la foudre. Certains, pour se rassurer, imaginent bénéficier de protections magiques ou surnaturelles. C'est encore une illusion que dénonce Oswald Wirth dans Les Imagiers du Moyen Âge : « Malheur à l'occultiste vaniteux qui s'imagine être servi par d'invisibles entités ! Ses serviteurs équivoques vivent à ses dépens et le tiennent dans la mesure où il les tient lui-même. Il leur appartient au même titre qu'ils lui appartiennent. Il y a donc deux aliénations de sa part : il s'est « aliéné » au sens propre du mot, et s'expose en plus à perdre la raison, catastrophe dont le menace l'arcane XVI. »

Le chemin initiatique nous conduit sur une route d'élévation permanente. Nous devons le parcourir avec sagesse en connaissant bien les limites de nos possibilités pour progresser sur le plan spirituel sans négliger notre condition dans la matière. À notre époque où «la démesure» généralisée incite les gens à rechercher des performances contre nature, n imitons pas ces sportifs téméraires qui se détruisent pour dépasser les possibilités humaines.

Notre évolution nous a offert des forces et une connaissance dont nous devons toujours craindre l'ambivalence.

LAME 17
L'ÉTOILE ou LES ÉTOILES

La lame 17 a plusieurs fois changé d'appellation. Sur certains Tarots, elle a pour nom «l'Étoile», tandis que, sur le Tarot de Wirth, elle est « les Étoiles ». Cette évolution remonte loin dans le temps. À la Bibliothèque nationale, il existe le Tarot de Nicolas Conver, datant de 1760 et qui la nomme « le Toule ». Ce mot désigne une cuvette d'eau vive et bénéfique.

La jeune femme qui nous apparaît sur cette lame est complètement dénudée. Dans un état de réceptivité totale, elle n'a plus rien à cacher. Au-dessus d'elle brillent huit étoiles avec Vénus, l'étoile à huit branches dont le centre est le nombre caché. Nous retrouvons le 8 (1 + 7 = 8). Nous voyons, comme dans la lame 14, l'urne d'or et l'urne d'argent. De l'urne d'or qui est solaire coule une eau chaude qui va réchauffer le lac froid qui se vivifie et devient le Toule. De l'urne d'argent coule une eau fraîche qui fertilise la terre dans un équilibre qui nous a été révélé par la lame 8. Elle crée un lien entre le ciel et la terre par les étoiles et l'eau du lac qu'elle fertilise. La fleur qui suit le déroulement de notre cheminement est totalement épanouie. Elle reçoit un papillon qui représente la psyché et le voyage de l'esprit.

Réceptivité entre le haut et le bas. Cette femme est Vénus, comme l'étoile qui brille au-dessus d'elle.

Malgré notre cheminement, nous sommes encore dans l'obscurité nocturne qui n'a pour éclairage que la lumière des étoiles ; cette « pâle clarté » qui rend plus belle l'éternelle jeunesse de cette déesse. C'est la nuit de notre ignorance que nous n'avons pas dépassée ; mais elle nous laisse entrevoir la promesse d'une aube qui accentuera notre discernement. La fleur nous annonce la connaissance, la rose, qui se place au cœur de la croix sur le point où se rencontrent le spirituel et le matériel de notre existence. La croix de la rédemption était faite du bois de l'acacia, symbole d éternité, qui apparaît derrière la jeune femme.

Nous devons apprécier tout ce qui est éclairé même faiblement ; la beauté de la nature et des êtres. Nos plus pures inspirations nous sont offertes dans la douceur de nos nuits. Elles nous font mieux connaître notre corps qui ne nous apparaît plus comme une prison et nous permet d'apprécier la condition humaine qui est la nôtre en ce monde. Nous aimons ce que nous sommes et avançons vers la clarté qui nous est annoncée.

LAME 18
LA LUNE

Après la lame des Étoiles, nous restons dans le ciel avec la Lune qui nous donne une nouvelle mise en garde. Il est vrai que le chemin initiatique n'est pas une route tranquille et que de nombreuses difficultés le jalonnent. La Lune nous rappelle que nous sommes encore dans la nuit de notre ignorance et que les relations entre la réalité apparente, le rêve et les illusions sont pour nous autant de dangers.

La Lune est lumineuse au-dessus d'un lac dans lequel nous voyons une grosse écrevisse de couleur rouge. Cette couleur indique quelle est vivante et active. Cet animal présente la particularité de se déplacer à reculons. Il se nourrit de la charogne, des miasmes, des restes de ce qui est lié au passé qu'il transmute pour vivifier l'eau dans laquelle il vit. Nous devons nous aussi nous débarrasser des éléments liés à notre passé qui nous encombrent et que nous devons transmuter. Nous trouvons ici des indications liées à l'astrologie et au signe zodiacal du cancer qui est un signe d'eau. Ce signe se caractérise par les sentiments de sensibilité et d'émotivité.

La Lune n'est pas indifférente ; elle observe et surveille ce qui se passe sur terre et elle intervient. Nous voyons des petites gouttelettes entre l'eau et la Lune. Elles ne sont pas renflées vers le bas comme pour la pluie, mais vers le haut, ce qui signifie que la Lune les aspire.

Nous savons que la lumière de la Lune, qui est le reflet de la lumière du Soleil, a des propriétés très particulières, comme toute lumière réfléchie. Elle manipule la matière et notamment l'eau à distance, ce qui est à l'origine des marées. Capable de déplacer les flots des océans, elle a sur nous une influence qui n'est pas négligeable puisque l'être humain est constitué de plus de 70 % d'eau. Les cultivateurs en tiennent compte, et nous pouvons observer les effets sur le psychisme humain, particulièrement aux moments de la pleine lune. Sur les malades mentaux, la pleine lune provoque des excitations qui étaient considérées dangereuses chez les schizophrènes.

Ses influences sur la matière sont multiples. On cite le cas des officiers de cavalerie d'autrefois qui, par plaisanterie, plaçaient le sabre d'un camarade sur le rebord d'une fenêtre par une nuit de pleine lune. Le lendemain, la lame de ce sabre était complètement émoussée.

Au bord de l'étang, nous apercevons un chemin sinueux passant entre deux tours qui semblent garder ce lieu. Pour accentuer cette impression, nous voyons deux chiens de garde, un blanc et un noir, postés de part et d'autre du chemin. Nous avons toujours le rappel de la dualité avec les deux tours et les deux chiens, ainsi qu'avec le blanc et le noir.

Par la lumière de la Lune, nous connaissons un éclairage qui déforme les éléments et peut nous présenter l'ombre d'un arbre comme un être inquiétant. Nous sommes dans le monde des illusions pour l'avenir, même si nous supprimons les influences du passé.

C'est encore une remise en question. Tout ce que je crois savoir est peut-être encore illusoire. Tous les acquis sont à assimiler, à digérer et à transmuter pour renaître une nouvelle fois. Ma lucidité doit me permettre de faire la différence entre ma visualisation, que je maîtrise et mon rêve éveillé, qui me mène où bon lui semble.

Nous avançons parmi des symboles que nous nous efforçons de comprendre. Ne restons pas dans les ténèbres de l'ignorance et utilisons ce que nous a offert le chemin parcouru pour ne pas stagner dans les marécages de la nuit. Nous savons que nous sommes la proie de multiples illusions

; mais nous savons que, même sous un faible éclairage qui risque d'être trompeur, nous parviendrons à nous débarrasser de ce qu'il nous impose d'illusions. Nous avons conscience des dualités toujours présentes qui nous annoncent qu'une lumière plus forte succédera à la pénombre de la Lune.

LAME 19
LE SOLEIL

Le Soleil brille au-dessus de deux personnages qui se tiennent par la main et dont les bras forment une croix. C'est le lien entre le masculin et le féminin, comme entre le vertical et l'horizontal ; c'est l'androgyne. On remarque que du Soleil descendent des gouttes renflées vers le bas, qui viennent fertiliser le sol. Ces gouttelettes sont semblables aux langues de feu de la Pentecôte qui apportent la Connaissance et la vie spirituelle à ceux qui les reçoivent. C'est le Soleil qui entretient la vie.

Les deux personnages se trouvent devant le mur qu'ils ont construit et qui est de plusieurs couleurs. Tout est parfaitement assemblé, tout est clair ; ils sont dans la lumière au milieu d'une couronne végétale dans laquelle les fleurs sont de différentes couleurs. Nous y distinguons le rouge de l'activité et le bleu de la spiritualité qui annoncent le mystique. On voit aussi le jaune de l'intellect et le vert de la vie. Tout est vu clairement dans la lumière. Nous ressentons que nous avons avancé dans notre parcours initiatique.

À PROPOS DE L'ANDROGYNE

La Tradition nous dit qu a l'origine l'être humain était masculin et féminin. Ensuite, ce fut la séparation, relatée par exemple dans la Bible où c'est en prélevant une côte à Adam que Dieu constitue Eve ; le masculin d'un côté et le féminin de l'autre.

Nous trouvons une curieuse évocation de Tandrogyne dans la

Bible. Le roi David était amoureux de Bethsabée qui était l'épouse d'un de ses généraux. Pour parvenir à ses fins, au cours d'une guerre, il envoya ce général sur le front où il fut tué, et David put épouser Bethsabée. David se justifia en affirmant qu'il avait reconnu la moitié de son être en Bethsabée et qu'en l'épousant il avait reconstitué son androgyne.

Encore à notre époque, il n'est pas rare d'entendre dire «ma moitié» en parlant de sa femme ou de son mari...

C'est en lui-même que chaque être doit trouver son masculin et son féminin. Il ne faut surtout pas voir dans l'androgynat un rapport avec la sexualité. C'est sur un tout autre plan que se situe le rapport entre le masculin et le féminin de l'androgyne.

Des êtres qui ont les caractéristiques sexuelles du masculin et du féminin existent ; par exemple, les escargots, qui sont en même temps mâle et femelle.

Après avoir dépassé la clarté trompeuse de la Lune, après avoir subi des épreuves dans cette pénombre, après nous être laissé entraîner dans des erreurs, nous sommes enfin éclairés par une lumière qui est la lumière vivifiante du Soleil. Ce passage était nécessaire, car nos épreuves sont autant de leçons pratiques qui participent à notre enseignement sur le chemin initiatique.

Souvent, dans notre quotidien, nous connaissons des difficultés qui constituent des épreuves pénibles en différents domaines : familial, sentimental, professionnel, etc. C'est seulement quand l'épreuve est dépassée que nous pouvons en tirer les leçons pour nous renforcer et nous aider.

L'importance du Soleil a été reconnue depuis la nuit des temps. Les « cultes solaires » sont nombreux tout au long de l'histoire de l'humanité. Ces cultes ne considéraient pas le Soleil comme étant Dieu, mais comme l'intermédiaire entre le créateur et ses créatures pour leur permettre de vivre sur notre planète. Parmi les grands textes dédiés au Soleil, il faut citer « l'hymne au Soleil » du pharaon Akhenaton. Cet hymne a été repris par David dans son psaume 104.

Nous devons être conscients qu'avec la lumière du Soleil nous bénéficions d'un éclairage qui a supprimé les ombres de la nuit, mais qui ne nous révèle pas tout entièrement. Parfois, elle risque même de nous éblouir.

Nous sommes sortis de la caverne citée par Platon où nous prenions pour des réalités les reflets qui nous apparaissaient. Nous avons la possibilité de cultiver des idées plus justes dont nous devons faire bénéficier les autres. Ne permettons pas qu'une dualité s'installe qui ferait une différence entre nos nobles idées et notre comportement.

LAME 20
LE JUGEMENT

La lumière du Soleil s'arrête à la superficie de ce qu'elle illumine. Elle nous révèle l'externe, mais pas l'interne.

Le Jugement ne s'arrête pas à la surface ; il va plus loin que le Soleil qui n'éclaire que l'exotérisme. Le Jugement éclaire l'ésotérisme. Nous approchons d'une réalisation que nous indique encore le nombre 3.

Trois éclairages :

- le faible éclairage de la clarté des Étoiles et de la lumière trompeuse de la Lune ; des illusions excitent notre imagination que nous devons maîtriser ;

- la lumière intense et vivifiante du Soleil qui illumine la surface de tout ce qu'il éclaire. Cette intensité risque de provoquer l'éblouissement qui réduit le discernement ;

- l'éclairage spirituel qui nous révèle ce que nos sens ne peuvent percevoir. C'est le sens ésotérique, le sens qui n'est même pas soupçonné par le profane, le sens symbolique que nous pouvons interpréter.

Ce mot « interpréter » va s'appuyer sur nos acquis, mais aussi sur ce nouvel éclairage qui nous permettra de « juger » pour approcher de la vérité. Ce Jugement, c'est l'éveil de notre discernement.

Effectivement, la lame 20 se prête à des interprétations différentes selon la lumière qui nous éclaire et influence notre « discernement ».

L'image de cette lame nous présente trois personnages dans

leur pure nudité : un homme, une femme et un enfant. Cette famille constitue une tri-unité au-dessus de laquelle un ange souffle dans une trompette. Cet ange porte sur son front le symbole du Soleil qui apparaît ainsi pour la troisième fois de cette façon : lame 8 et lame 14.

Nous pouvons y voir, avec l'ange du Jugement dernier, la résurrection d'un couple dans son enfant qui assure la continuité de la famille dépouillée de ses vêtements et des lourdeurs du passé. Le couple est dans une posture de spiritualité avec les mains jointes. L'enfant semble sortir d'un tombeau.

Nous avons le choix entre trois interprétations qui peuvent ne pas être contradictoires. Par la mort initiatique, c'est un être nouveau qui renaît, sans renier ce qu'il a été auparavant. Le souffle de la trompette, c'est le souffle de l'Esprit ;

- s'il s'agit d'une mort physique, ce peut être la transmission de génération en génération de la vie dans la complexité des éléments qui se perpétuent. La science de notre XXIe siècle apporte des éclairages nouveaux par la connaissance des particules élémentaires que certains de nos lointains ancêtres semblent avoir détenue ;

- la réincarnation ou la résurrection de l'être régénéré, de l'être nouveau, conservant l'identité qui fut la sienne dans sa vie antérieure.

La lame 20 est la lame de la re-naissance qui nous présente à nouveau les petites flammes multicolores qui descendent sur les personnages. Cette nouvelle naissance est spirituelle dans la nature matérielle de l'être humain. Selon les anciennes traditions, elles représentent l'Esprit, la divinité qui descend sur ses créatures. Dans la tradition juive, la Pentecôte commémore la remise des Tables de la Loi à Moïse sur le Sinaï. Pour les chrétiens, c'est la descente du Saint-Esprit sur les apôtres réunis au cénacle.

L'ange de la résurrection symbolise la spontanéité de cette résurrection et de la prise de conscience. L'ange, c'est le messager qui annonce une intervention venant d'en haut. Il est la manifestation du ciel sur la terre. Il déclenche l'intuition et l'inspiration. C'est le grand symbole des forces spirituelles que nous recevons au terme de notre cheminement initiatique. Le Jugement révèle la transmutation de celui qui renaît après sa mort initiatique.

La dualité d'interprétation de cette lame consiste à savoir que nous sommes jugés, mais aussi que nous avons une capacité de jugement. Le mot jugement correspond ici au « discernement lucide ». Nous savons que toute interprétation est influencée par ce que nous sommes et par ce que nous vivons. L'être nouveau possède ce bon sens qu'autrefois en langage populaire on appelait « la jugeote ».

Dans la vie courante, nous apprécions des œuvres artistiques qui rayonnent de beauté, que ce soit dans les arts plastiques, la musique ou la littérature. Mais cette beauté ressentie à un premier niveau est considérablement amplifiée lorsque nous parvenons à pénétrer dans les profondeurs de la pensée créatrice de l'auteur ; que celle-ci soit consciente ou pas. C'est le thème du conte de La Belle au bois dormant. Elle sommeillait comme le font les significations des symboles qui attendent que notre esprit soit « éveillé » pour les porter à notre connaissance.

Dans la littérature, nous possédons un exemple remarquable de cette compréhension. Au XVIe siècle, François Rabelais a écrit une phrase toute simple, mais dont le sens mérite d'être approfondi : « Il faut rompre l'os et sucer la substantifique moelle. » La première interprétation est logique, mais l'adjectif « substantifique » précise que l'essentiel est contenu dans la moelle. Un os, lorsqu'il est ancien, est semblable à une pierre inerte et sans aucune valeur. Pourtant, aujourd'hui, notre science parvient à retrouver « l'essentiel » dans cette substantifique moelle qui contient l'ADN de l'être à qui cet os a appartenu. Et l'ADN contient, avec l'identité, toute la mémoire génétique, et autre, de cet être... Rabelais a-t-il été informé ou inspiré ?

L'aboutissement du chemin initiatique auquel nous parvenons nous offre la possibilité de nous délivrer des contingences de la matière pour atteindre ce discernement par l'inspiration que nous recevons. Mais ce discernement doit aussi nous rappeler ce que nous sommes et les efforts qui ont été nécessaires pour parvenir aux révélations de la lame 20. Nous devons avancer sans jamais renier notre passé, car il a contribué à notre évolution.

LAME 21
LE MONDE

Nous sommes arrivés au 21 (2+1=3)

Ce nombre, c'est le 7 multiplié par le 3.

Nous sommes parvenus au couronnement de notre cheminement initiatique.

Dans une couronne de laurier, emblème de la victoire, une femme nue et gracieuse est portée par le vent de son succès. Sa baguette qui forme le V de la victoire capte les énergies cosmiques qui lui permettent de maîtriser tous les éléments.

C'est le triomphe.

Les quatre éléments entourent sa couronne. Ils sont représentés par les quatre évangélistes pour qui les interprétations sont parfois différentes :

- le bœuf de saint Luc (ou le taureau), c'est la terre.

- le lion de saint Marc, c'est le feu dévorant.

- l'ange, pour saint Jean, semble porté par les nuages. Cependant, on dit parfois l'aigle de saint Jean.

- l'aigle, pour Matthieu, symbolise l'air.

La Tradition nous indique que l'être humain arrivé au terme du chemin initiatique devient « un être cosmique dans sa condition humaine ». C'est la prise de conscience de cette situation qui met l'homme dans l'univers. En quelque sorte, il est l'univers et l'univers est en lui. C'est plus qu'une interdépendance ; c'est un tout.

La science de notre époque propose une « explication rationnelle » de « l'être humain - univers ».

L'UNIVERS EN CHACUN DE NOUS

Au milieu de notre XXe siècle, un physicien français, Jean Charon, a étudié la matière au niveau des particules élémentaires qui gravitent autour du noyau d'un atome. Il s'exprime ainsi : « Les électrons qui nous constituent contiennent un espace-temps qui n'obéit pas aux lois de notre univers quotidien. De plus, la totalité de notre esprit est contenue dans chacune de ces particules. » Ce physicien, et bien d'autres aujourd'hui, affirme que les électrons sont nés au moment du big-bang, lorsque l'énergie primordiale a commencé à se « coaguler ». Ils sont indestructibles et appartiennent successivement à des vies différentes : minérales, végétales, animales et humaines, en conservant chaque fois toute la mémoire des vies auxquelles ils ont participé. Nous avons en nous des milliards de milliards de particules élémentaires qui nous ont apporté toute la mémoire de l'univers ; mémoire du passé depuis la création de l'univers et mémoire du futur. Si, comme les découvertes actuelles le confirment, le temps n'est pas linéaire du passé au présent et au futur, mais que, dans l'absolu, passé, présent et futur se confondent, chaque être détient toute cette mémoire universelle à laquelle il n'a pas habituellement accès, si ce n'est dans ses rêves et lors de phénomènes paranormaux.

Il semble que des civilisations très anciennes en aient eu connaissance. Leur science basée sur l'esprit nous a transmis quelques indices et peut- être quelques recettes. Il est certain que le cheminement initiatique n'est pas la moindre...

Avec la lame 21, nous sommes parvenus à l'achèvement du grand œuvre. Nous avons conquis les lauriers. Si nous utilisons le « langage des oiseaux » des alchimistes, nous lisons : « laurier = l'or y est ».

La transmutation du plomb en or est pour l'alchimiste une étape importante et nous venons de transmuter notre lourde condition humaine.

En harmonie avec le temple cosmique, nous avons construit notre temple personnel et réalisé cette affirmation d'Hermès Trismégiste : « Ce qui est en haut est comme ce qui est en bas. » Les secrets de l'univers nous sont révélés.

Mais rien n'est jamais fini et un cycle succède à un autre.

Sommes-nous à un aboutissement final ? N'oublions pas que le Tarot se manifeste en forme de roue et que rien n'est jamais fini...

LAME 22
LE FOU

Alors que les lames de 1 à 21 étaient numérotées, cette dernière lame n'affiche pas de numéro.

Le personnage qui nous est présenté a pour nom « le Fou » ou « le Mat ». Il représente la fin d'un cycle. Il est la transition, l'attente, le vide avant un nouveau cycle, donc II est aussi le « zéro ».

Après le cheminement que nous venons de parcourir, ce vagabond insolite nous interpelle. Il semble illustrer un mystère inquiétant. Qui est-il ?

Les interprétations ne manquent pas d'être différentes, contradictoires et même opposées.

Pour marquer cette ambivalence, qui est bien dans la nature des lames du Tarot, voici un extrait des commentaires d'Oswald Wirth qui figurent dans son livre Les Imagiers du Moyen Âge.

« Le Fou est le personnage qui ne compte pas, vu son inexistence intellectuelle et morale. Inconscient et irresponsable, il se traîne à travers la vie en être passif, qui ne sait oü il va et se laisse mener par les impulsions irraisonnées. Ne s'appartenant pas à lui-même, il est possédé : c'est un aliéné dans toute la force du terme. Son costume est bariolé, pour indiquer les influences multiples et incohérentes constamment subies. Le turban, gonflé de lubies, est rouge, vert, blanc et jaune, mais le rouge est orangé, couleur du feu destructeur qui suggère des idées dangereuses. Cette teinte est aussi celle du bâton que le Fou tient de la main droite et dont il s'encombre inutilement, car il ne s'en fait ni une canne en marchant, ni un appui et s'en sert encore moins à la façon de l'Ermite pour sonder le terrain sur lequel il avance. Les yeux perdus dans le vague des nuages, l'insensé poursuit sa route au hasard de ses impulsions, sans se demander où il va.

De sa main gauche, le Fou maintient sur son épaule droite une courte trique grossièrement équarrie à laquelle pend une besace renfermant son trésor de sottises et d'insanités, que soutient une extravagante idéalité, d'où la couleur bleue du second bâton.

Les chausses jaunes du Fou pendent et découvrent ce qu'elles devraient cacher. Cette inconvenante exhibition fait songer à ce qui advint à Moïse désireux de contempler la face de Javeh face à face. Comme l'ineffable nous échappe, l'indiscret dut se contenter du spectacle de la création, qui correspond à l'envers de la divinité. Nous devons être assez raisonnables pour ne pas sortir du domaine de la raison. L'Infini n'est pas de notre compétence, et quand nous essayons de l'aborder, fatalement nous déraisonnons. Gardons-nous donc de suivre le Fou, qui, mordu au mollet gauche par un lynx blanc, est contraint de marcher sans s'arrêter, car la course de ce juif errant est sans but ni objectif. Elle se poursuit indéfiniment en pure perte.

Le lynx, dont la vue est perçante, chasse l'inconscient vers un obélisque renversé, derrière lequel guette un crocodile, prêt à dévorer ce qui doit retourner au chaos, c'est-à-dire à la substance primordiale dont est issu le monde coordonné. Symbole de lucidité consciente et du remords qui s'attache aux fautes commises, le lynx retiendrait un être capable de discernement ; mais, loin d'arrêter le Fou, la morsure hâte son acheminement vers son inéluctable destinée.

Il n'est cependant pas dit que l'insensé ne puisse recouvrer son bon sens, car une tulipe d'un rouge pourpre, suggestif de spiritualité agissante, penche à ses pieds une corolle qui n'est pas fanée. Si cette fleur n'est pas morte, c'est que l'esprit n'abandonne pas entièrement les irresponsables, qui sont des innocents... »

On ne peut être plus sévère ; même si la dernière phrase

laisse entendre que cet état peut n'être que provisoire.

Après avoir suivi un chemin initiatique, tomber dans cet état de déchéance est une négation du travail qui a été nécessairement accompli. Comment ce personnage a-t-il eu la possibilité de tromper le gardien du seuil et parvenir à la lame 21 ? Nous y reviendrons, car il est parfois possible de trouver des réponses autour de soi...

Nous préférons interpréter d'une façon positive le personnage que nous présente la lame 22. La mort initiatique ne peut pas produire « un déchet » dans le nouvel homme qu'elle a fait naître.

Cet homme qui marche tel un vagabond appuyé sur son bâton, indifférent à tout, même à son pantalon qui est déchiré, avance comme quelqu'un qui sait où il va et qui ne se laisse pas distraire.

Il avance... mais vers quoi ? Vers qui ? Lui seul le sait...

Il pourrait symboliser l'être humain qui passe à côté de la connaissance divine et qui divague après avoir dépassé les limites du réel... Seul le prétentieux peut obtenir un tel résultat lorsqu'il n'a pas compris et assimilé les limites que lui a révélées la lame 21 qu'il vient de parcourir. C'est au-delà de cet enseignement que le Fou a bénéficié d'un éveil, d'une lumière qui l'a envahi. Il est vraiment un « illuminé », ce qui entraîne plusieurs compréhensions de cet adjectif. Il ne peut plus être compris ; ce qui le laisse indifférent. Il a dépassé le cycle dans lequel nous sommes et a acquis le savoir suprême qui est pris pour ignorance. Pour lui, c'est un retour à zéro puisqu'il marche vers un nouveau cycle, après avoir dépassé la plénitude de la lame 21.

Rares sont ceux qui parviennent à cet état... Certains ressentent, par les réactions qu'ils suscitent, le bénéfice d'une transmutation qui entraîne l'incompréhension de ceux qu'ils rencontrent ou qui les voient passer. Plus nombreux sont ceux qui feignent d'y être parvenus et qui sombrent alors dans l'aliénation de se qualifier eux-mêmes de sages, de maîtres ou de gourous. Le véritable « illuminé » se soucie peu de sa réputation. Il va devenir « le Bateleur » d'un nouveau cycle, dans un état qui nous est caché. Cet état se situe peut-être dans une autre vie. C'est de toute façon une autre vie d'un nouvel être dans sa vie actuelle ; ce qui est encore plus mystérieux et incompréhensible pour ceux qui ignorent le travail initiatique. Il est alors « l'alchimiste » qui se retire pour se régénérer afin de poursuivre son chemin sur lequel il va rencontrer, dans une autre dimension, les obstacles qu'il a déjà dû surmonter.

D'ailleurs, derrière un obélisque renversé, un crocodile, le gardien d'un nouveau seuil, le guette, va bientôt le mettre à l'épreuve avant de le guider, peut-être, vers des horizons que nous ne soupçonnons pas.

LE CROCODILE

Le crocodile est le symbole de la divinité nocturne qui règne sur les eaux primordiales et qui dévore chaque soir le soleil. À travers les époques et les civilisations, il symbolise aussi les forces qui maîtrisent la mort et la renaissance. En Égypte antique, le crocodile Sobek assiste à la psychostasie (la pesée des âmes). Il dévore les âmes condamnées. Dans cette civilisation, le crocodile est considéré de différentes façons. Momifié dans certains temples, il était vénéré en tant que seigneur des eaux du Nil qui maintenait la vie dans la vallée du fleuve. Si le crocodile était un dieu de fécondité, il était aussi considéré comme un monstre. Il devient le symbole des contradictions fondamentales, des ambivalences qui font qu'un gardien du seuil se transforme en guide.

Cette lame 22 - qui ne porte visiblement pas ce numéro - correspond à un « maître nombre » qui représente une totalité. Ce maître nombre représente la totalité du temps écoulé depuis le début de la création jusqua l'achèvement du monde. Il marque la conclusion de l'œuvre du créateur et la manifestation de l'être humain dans tout ce qu'il est et dans tout ce qu'il fait. Il est un aboutissement sans que pour cela il signifie une fin.

Le 22 est la manifestation de l'être dans sa diversité, dans ses ambivalences et dans son histoire.

Dans le Tarot, nous avons déjà rencontré le 11 qui est aussi un maître nombre. Ces deux nombres sont en relation avec les taches et explosions solaires qui se produisent tous les onze ans et modifient chaque fois le magnétisme terrestre.

Nous trouvons le 22 en tant qu'aboutissement d'un cycle en de nombreux domaines :

- vingt-deux lettres dans l'alphabet hébreu - vingt-deux chapitres dans l'apocalypse de Jean - vingt-deux chapitres et vingt-deux prières dans les livres de l'Avesta - vingt-deux années dura l'initiation de Pythagore

- vingt-deux Grands Maîtres dans l'ordre du Temple - vingt-deux lames majeures du Tarot - vingt-deux peintures sacrées lors de l'initiation égyptienne (onze de chaque côté) - vingt-deux symboles ou arcanes dans l'alphabet des sciences occultes - etc. Parvenir au 22, c'est se réaliser par rapport à un cycle.

Avec le 22, nous revenons à l'unité qui est inconcevable.

Pythagore illustre ce retour à l'unité par les quatre premiers nombres qui sont les quatre éléments composant « la tétraktys ». Têtra en grec signifie « quatre ».

Le 22 nous révèle le 4 par l'addition de ses deux nombres : 2 + 2 = 4. 1 + 2 + 3 + 4 = 10

En réduisant le 10, on obtient : 1 + 0 = 1, soit le retour à l'unité.

Après la totalité symbolisée par le 22, nous revenons à l'unité en passant par le zéro.

Notre chemin initiatique se termine après le 21 par une lame qui curieusement ne porte pas de numéro. Cette lame nous fait dépasser « le Monde » et nous propulse dans un nouveau cycle. Le personnage qu'elle présente est en route pour devenir « le Bateleur » de ce nouveau monde. Mais il ne l'est pas encore. Il transporte ses acquis dans sa besace et dans son turban gonflé de son savoir, de son expérience et des énergies multicolores qui sont désormais les siennes. Il est évident que ce passage, cet abandon d'un cycle, ce renouvellement total de l'être se manifestent dans son allure et son comportement.

Comme un vagabond, il parcourt cette étape intermédiaire avant de pouvoir entreprendre son autre chemin initiatique, avant d'être un nouveau Bateleur.

Du 22 au 1, il est dans un vide qui n'est pas le néant.

Ce vide porte un nom :

LE ZÉRO.

LE ZÉRO

Le zéro, souvent oublié, contient toute la force du vide et de l'invisible. Le vide n'est pas le néant, c'est le silence et aussi l'attente.

Il est à la fois le non manifesté et la fin de la manifestation.

Il est représenté par un cercle vide.

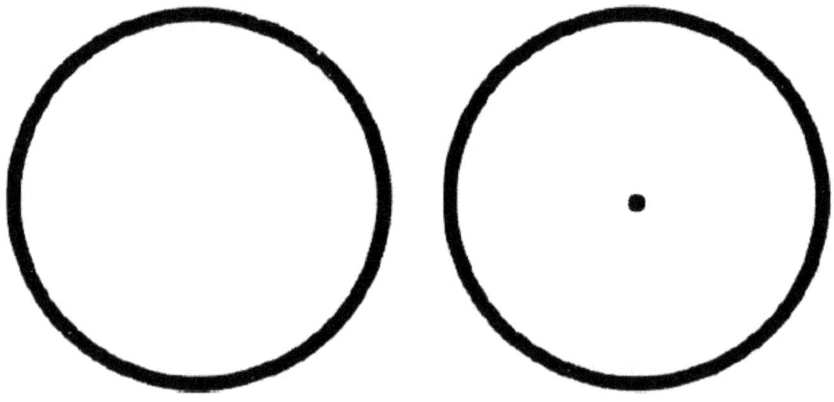

Dans le cercle vide du zéro, il suffit d'inscrire un point central pour obtenir le symbole du soleil et de l'unité.

Le zéro est un vide plein de potentialités. Loin de représenter le non- être, il est le non-encore-créé avec toutes les potentialités en attente de se révéler. Effectivement, s'il ne lui est pas attribué une valeur propre, c'est lui qui augmente ou diminue la valeur des autres nombres placés devant lui ou après lui. Il n'est pas considéré comme étant une vibration, mais comme un amplificateur des vibrations des autres nombres. Sa puissance l'a fait considérer comme étant le symbole du Soleil sur toute la planète.

On ignore comment les humains inventèrent le zéro. Pour certains, ce sont les Indiens qui le communiquèrent aux Chinois et pour d'autres, c'est le contraire.

Les Amérindiens connaissaient le zéro dès le VIe ou VIIe siècle. Un traité d'astronomie et de divination des Incas, connu sous le nom de Codex de Dresde, en révèle l'existence. Une légende dit que les Aztèques avaient découvert le zéro en observant le halo qui apparaissait lors d'une éclipse totale. Les premières traces d'utilisation du zéro remontent au IVe siècle de notre ère.

Quand les Arabes empruntèrent aux Indiens leur numérotation décimale, ils adoptèrent aussi le zéro sous forme d'un cercle ou sous forme d'un point.

L'Europe ne reçut le zéro qu'au XIIe siècle sans toutefois le considérer car il appartenait aux « chiffres arabes », et l'Église n'acceptait pas cet élément venant de l'Islam. Imaginez combien devaient être compliqués les calculs dans le commerce, sans le zéro. Au début, en Europe, le zéro fut appelé « null » par les Allemands, car il était assimilé au néant.

Nous nous aventurons dans ce vide qui nous emmène vers un chemin initiatique où nous vivrons les mêmes épreuves, mais à un niveau supérieur. La route n'est jamais finie.

Nous ignorons ce que nous allons découvrir. Aussi devons-nous être conscients de notre ignorance malgré tout le Savoir et toute la Connaissance que nous possédons.

Nous revenons à l'Unité ; mais nous ignorons ce qu'elle est dans le tourbillon de la création qui nous est encore incompréhensible. Nous marchons vers l'inconnu dans le mystère de l'infini. Nous sommes vraiment des nouveau-nés qui accomplissent leur destin.

À quoi bon comprendre, puisque nous découvrirons...

À quoi bon prétendre se faire comprendre ? De qui et pourquoi ?

On ne peut correspondre vraiment qu'avec ceux qui suivent la même route dans l'harmonie des niveaux de conscience.

Mais en n'oubliant pas qu'on est toujours seul dans son cheminement initiatique.

CONCLUSION

Dans la conclusion de la première partie de ce livre, nous rappelions que cet ouvrage netait qu'un point de départ vers une meilleure connaissance de cet exceptionnel instrument divinatoire et initiatique qu'est le Tarot. Lors d'une nouvelle réédition en 1995, nous avons proposé une nouvelle étape de cette connaissance avec notre numérologie des Tarots, Les 22 Rayons de la divine lumière.

Tout n'a pas été dit, loin de là, et la roue des Tarots tourne sans interrompre la marche du temps et le cheminement initiatique qu'elle nous offre. Il convient d'aller lentement pour aller sûrement. C'est dans ce contexte que nous avons rédigé ce livre que nous avons voulu « à la portée de tous » et que nous le complétons pour le proposer à de plus en plus de possibles lecteurs. Pour bien utiliser quelque instrument que ce soit, il faut tout d'abord le connaître. Connaître les Tarots n'est jamais définitif. Ce ne peut être que par une indispensable progression.

Dans ce qui constitue les premières éditions de notre livre - et qui est devenu la première partie de cette nouvelle édition - nous avons abordé les richesses symboliques et divinatoires des Tarots. Nous avons étudié les multiples signes et travaillé pour mieux connaître chaque symbole dans l'ambivalence de ses possibles significations. Nous pouvons utiliser ces connaissances pour interpréter et prédire. Mais ce n'est pas le but essentiel, qui est de se trouver soi-même au bout de cette longue route qui marque toujours un nouveau départ.

Se retrouver soi-même dans les Tarots, c'est y lire les tendances personnelles que nous révèlent, par la numérologie des Tarots, les nombres de notre vie, « les 22 rayons de la divine lumière ». Dès notre date de naissance, ces nombres sont en correspondance et en harmonie avec les lames du Tarot... et ils nous offrent de précieuses révélations.

Savoir ce qu'est la richesse de chaque lame nous invite à y

ajouter intuition et inspiration qui peuvent être qualifiées de « médiumnité », dans le vrai sens de ce mot. Les richesses du Tarot sont infinies et nous avons tenu à transmettre ce qu'elles nous ont offert.

Mais utiliser le Tarot pour la divination et pour commencer à mieux se connaître n'est qu'un premier pas « à la portée de tous ».

Un premier pas n'est pas suffisant, li doit annoncer une succession de pas. Comme celle de l'Ermite, cette marche est solitaire, sur une route pas toujours confortable, mais que chacun peut emprunter pour vivre une évolution qui est aussi « à la portée de tous ».

Être initié, c'est être mis sur la voie de l'épanouissement spirituel par le travail sur soi réalisé le long d'un « chemin initiatique ». On a souvent entouré d'inutiles mystères ce cheminement pour des raisons de prestige et d'illusoires supériorités.

Le développement personnel est offert à tous par une compréhension de l'enseignement contenu dans le Tarot et par l'application de cet enseignement. Il convient de passer du Savoir à la Connaissance. Pour entreprendre ce « voyage vers soi-même », un guide est utile au départ. Sans aucune prétention, par les pages qui précèdent, nous avons entrepris de « guider » le lecteur pour qu'il avance sur le chemin initiatique des Tarots.

Tout vous est offert si vous progressez comme nous vous le proposons. Nous vous transmettons ce qui nous a été donné par nos contacts profonds et harmonieux avec ces sublimes 22 lames qui sont un chemin initiatique intemporel et efficace.

TABLES DES MATIÈRES

Achevé d'imprimer par Kindle Direct Publishing
(KDP) en Juin 2021

LES ÉDITIONS DE L'ŒIL DU SPHINX
36-42 rue de la Villette
75019 PARIS
Tél : 09.75.32.33.55 - Fax : 01.42.01.05.38
Mail ods@oeildusphinx.com
www.oeildusphinx.com
boutique.oeildusphinx.com

www.ingramcontent.com/pod-product-compliance
Ingram Content Group UK Ltd.
Pitfield, Milton Keynes, MK11 3LW, UK
UKHW021128260726
13994UKWH00001B/35